Super M

Förderheft

2

Herausgegeben von
Reinhard Forthaus
Ursula Manten

Erarbeitet von
Ulrike Braun
Reinhard Forthaus
Matthia Gratzki
Ursula Manten
Ariane Ranft
Gabi Viseneber
Mirjam Walde

Illustrationen von
Martina Leykamm
Dorothee Mahnkopf

Cornelsen

Addieren / Subtrahieren

① Rechne.

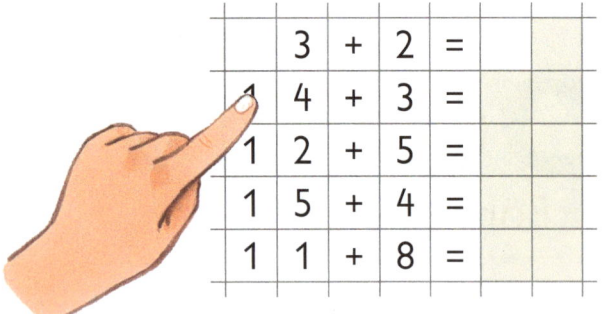

	3	+	2	=		
1	4	+	3	=		
1	2	+	5	=		
1	5	+	4	=		
1	1	+	8	=		

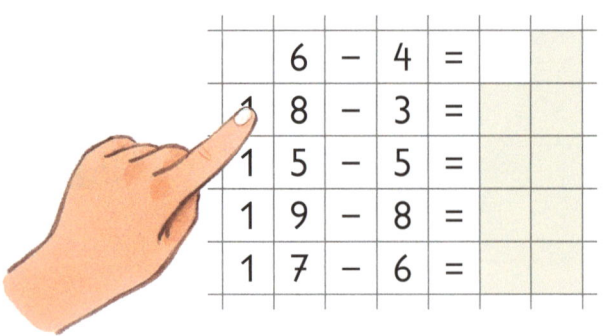

	6	−	4	=		
1	8	−	3	=		
1	5	−	5	=		
1	9	−	8	=		
1	7	−	6	=		

② Ergänze.

9	+		=	1	0
4	+		=	1	0
7	+		=	1	0
3	+		=	1	0
5	+		=	1	0

1	0	+		=	1	6
1	0	+		=	1	1
1	0	+		=	1	5
1	0	+		=	1	2
1	0	+		=	1	3

8	+		=	1	1
6	+		=	1	2
5	+		=	1	4
3	+		=	1	2
4	+		=	1	1

③ Du kannst zum Rechnen ein Zwanzigerfeld nehmen.

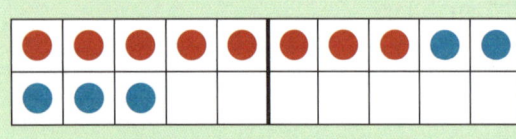

8	+	5	=	1	3
8	+	2	=	1	0
1	0	+	3	=	1	3

8	+	4	=		
	+		=		
	+		=		

6	+	8	=		
	+		=		
	+		=		

4	+	8	=		
	+		=		
	+		=		

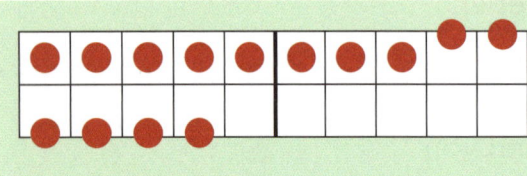

1	4	−	6	=		8
1	4	−	4	=	1	0
1	0	−	2	=		8

1	4	−	5	=		
		−		=		
		−		=		

1	2	−	6	=		
		−		=		
		−		=		

1	3	−	8	=		
		−		=		
		−		=		

SB▶4/5 AH▶3 A▶2

① Male weiter.

| 1 | 2 | 3 | 4 | 5 | 6 | 7 | 8 | 9 | 10 | 11 | 12 | 13 | 14 | 15 | 16 | 17 | 18 | 19 | 20 |

| 1 | 2 | 3 | 4 | 5 | 6 | 7 | 8 | 9 | 10 | 11 | 12 | 13 | 14 | 15 | 16 | 17 | 18 | 19 | 20 |

| 1 | 2 | 3 | 4 | 5 | 6 | 7 | 8 | 9 | 10 | 11 | 12 | 13 | 14 | 15 | 16 | 17 | 18 | 19 | 20 |

| 1 | 2 | 3 | 4 | 5 | 6 | 7 | 8 | 9 | 10 | 11 | 12 | 13 | 14 | 15 | 16 | 17 | 18 | 19 | 20 |

| 1 | 2 | 3 | 4 | 5 | 6 | 7 | 8 | 9 | 10 | 11 | 12 | 13 | 14 | 15 | 16 | 17 | 18 | 19 | 20 |

| 1 | 2 | 3 | 4 | 5 | 6 | 7 | 8 | 9 | 10 | 11 | 12 | 13 | 14 | 15 | 16 | 17 | 18 | 19 | 20 |

② Trage die fehlenden Zahlen ein.

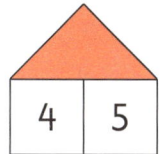
4 5

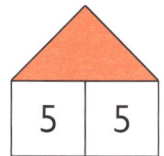
5 5

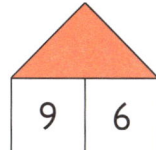
9 6

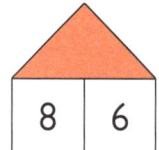
8 6

12
9

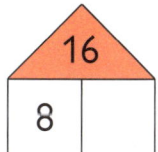
16
8

20
8

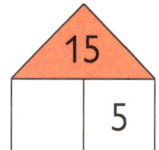
15
5

③ Ergänze.

16	
0	16
2	
4	
6	
8	
10	
12	
14	
16	

④ Schreibe eigene Zahlenhäuser.

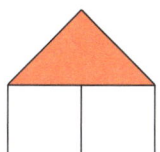
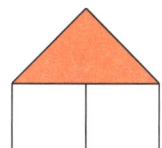
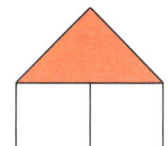
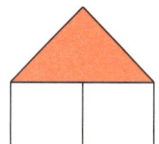

Sachrechnen

Trinkflasche 12€
Kinderschere 2€
Freundebuch 10€
Brotdose 10€
Farbkasten 5€
Klebestift 2€
Schulfüller 15€
Buntstifte 8€

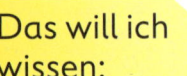 **Das will ich wissen:** Wie viel kostet das zusammen?

①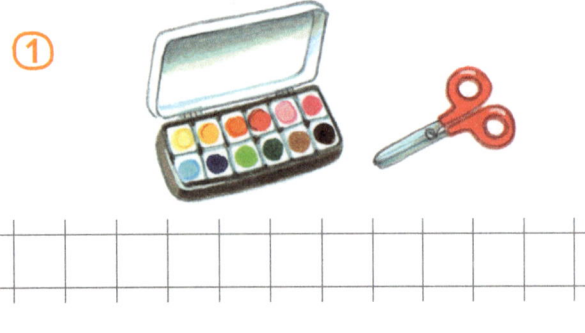

②

③

④

⑤

⑥

SB ▶ 8/9 AH ▶ 5 A ▶ 4

① Wie viele? Schreibe in die Stellentafel.

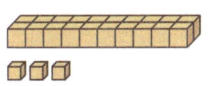 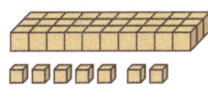  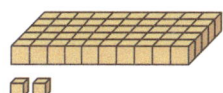 

Z	E

Z	E

Z	E

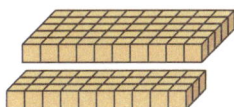  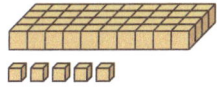  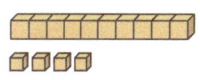 

Z	E

Z	E

Z	E

② Wie viele?

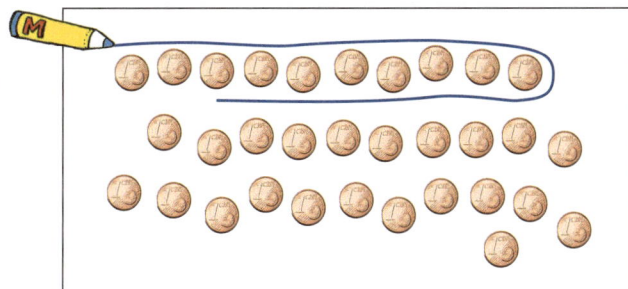 

Z	E

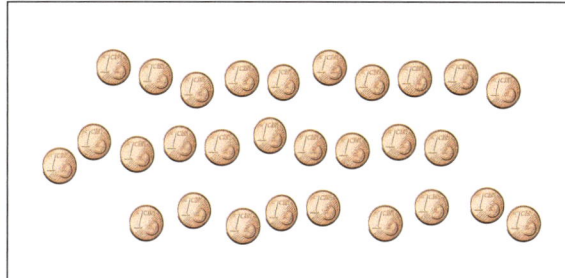 

Z	E

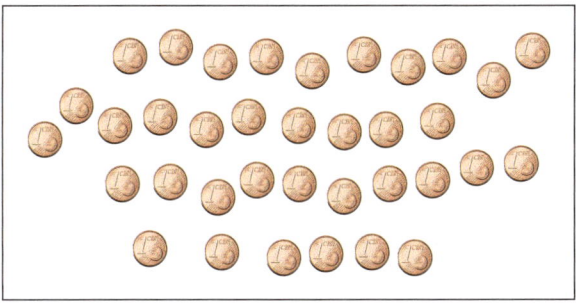 

Z	E

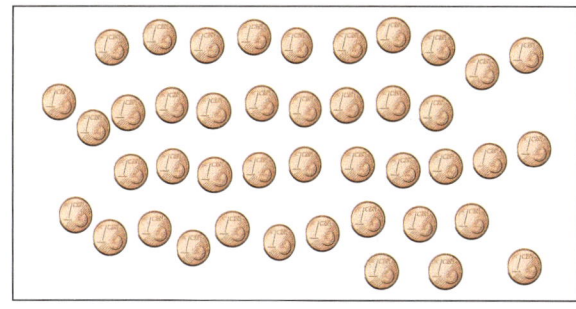 

Z	E

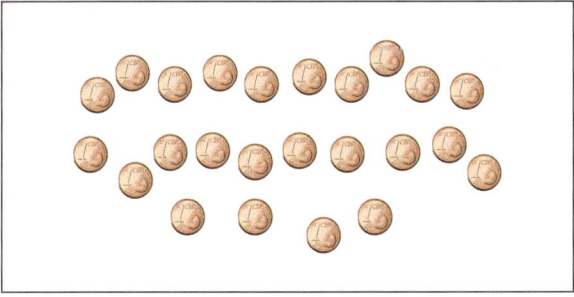 

Z	E

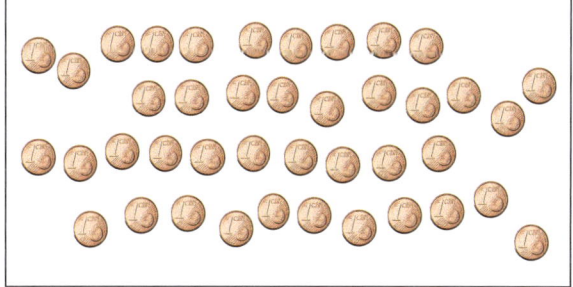 

Z	E

Hunderterfeld – Zehnerzahlen

① Wie viele?

a)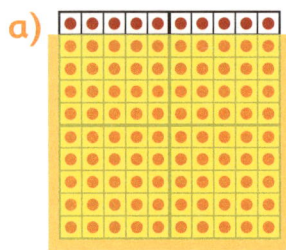

b)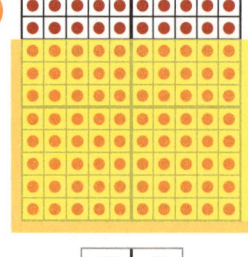

c)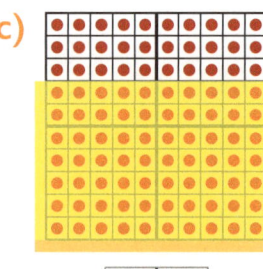

Z	E

d)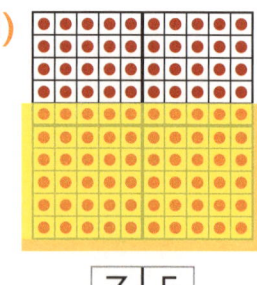

Z	E

e)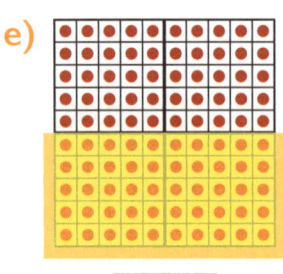

Z	E

f)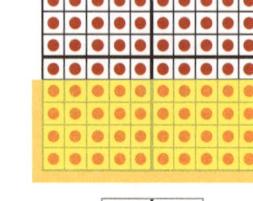

Z	E

g)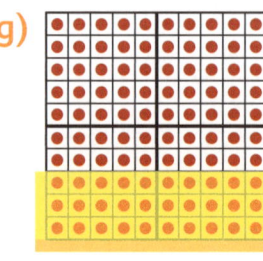

Z	E

h)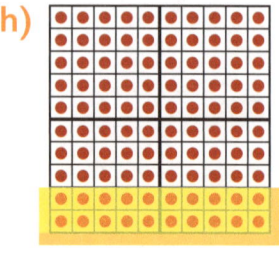

Z	E

② Wie viele Zehner? Wie viele Einer? Schreibe auch als Plusaufgabe.

a)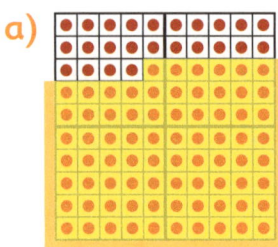

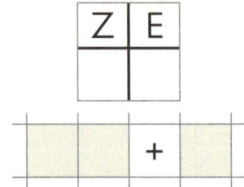

+

b)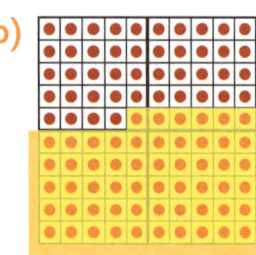

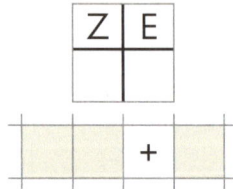

+

c)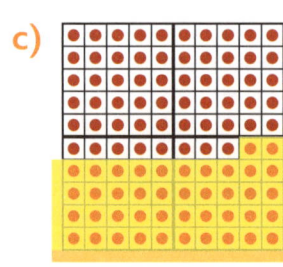

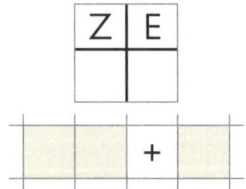

+

d)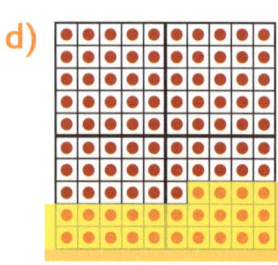

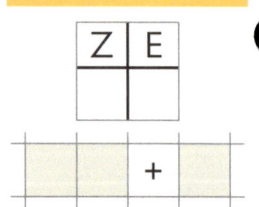

+

e)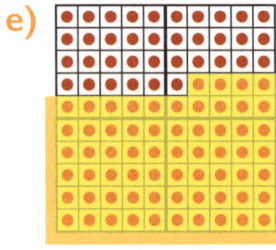

Z	E

+

f)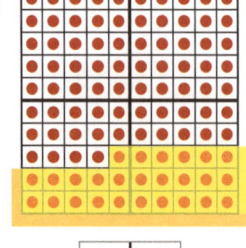

Z	E

+

g)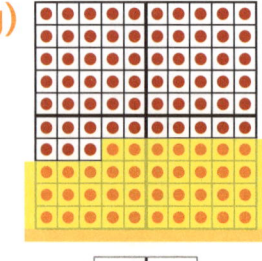

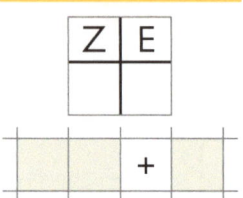

+

h)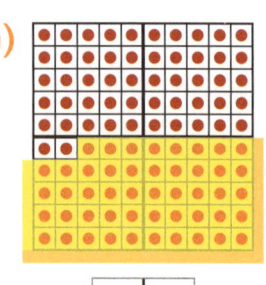

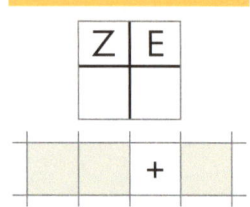

+

SB▶12/13 AH▶7 A▶6

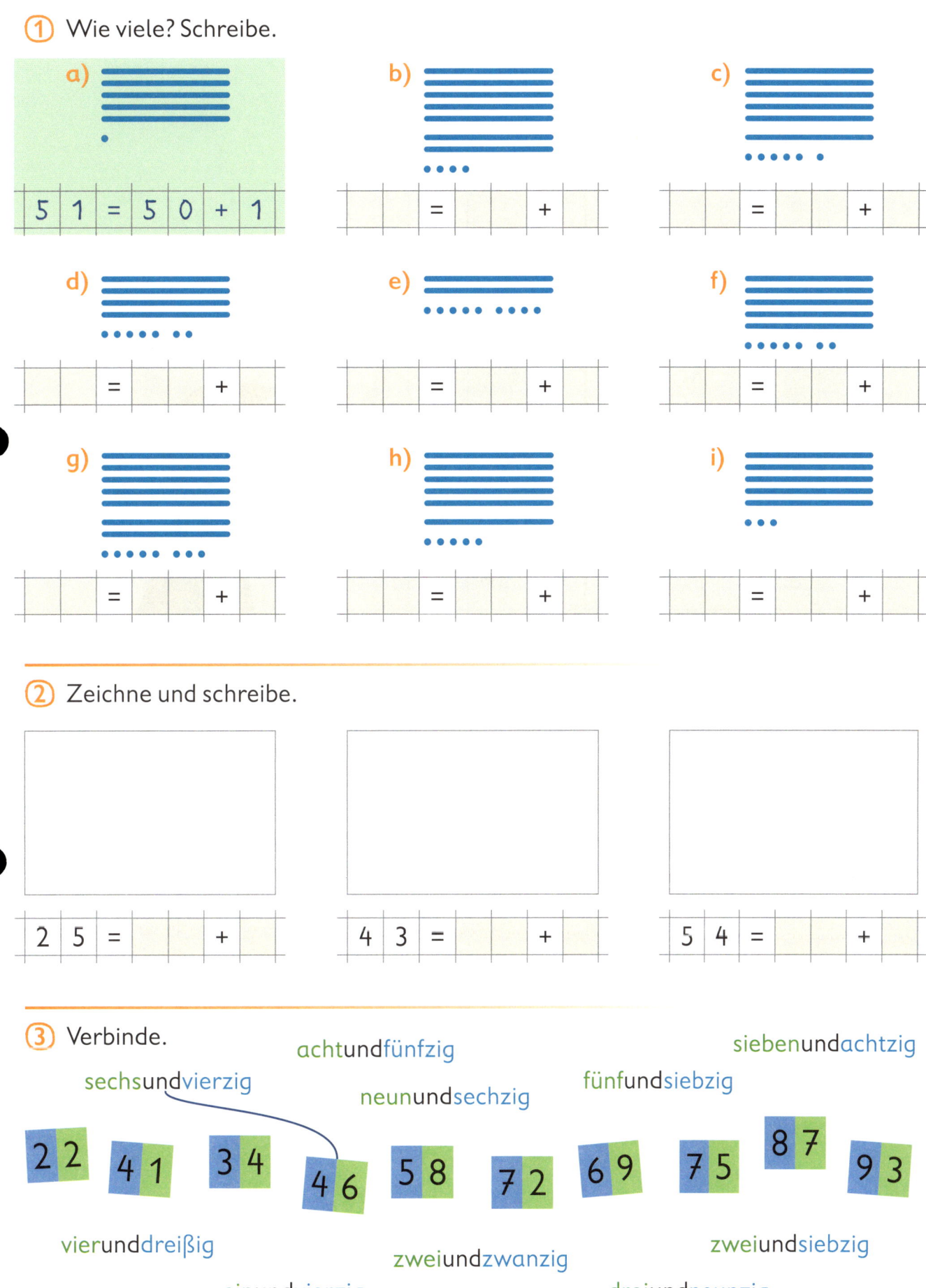

① Wie viele? Schreibe.

a) | 5 | 1 | = | 5 | 0 | + | 1 |

b) | | | = | | | + | |

c) | | | = | | | + | |

d) | | | = | | | + | |

e) | | | = | | | + | |

f) | | | = | | | + | |

g) | | | = | | | + | |

h) | | | = | | | + | |

i) | | | = | | | + | |

② Zeichne und schreibe.

| 2 | 5 | = | | | + | |

| 4 | 3 | = | | | + | |

| 5 | 4 | = | | | + | |

③ Verbinde.

achtundfünfzig

siebenundachtzig

sechsundvierzig

neunundsechzig

fünfundsiebzig

22   41   34   46   58   72   69   75   87   93

vierunddreißig

zweiundzwanzig

zweiundsiebzig

einundvierzig

dreiundneunzig

Die Hundertertafel

① Trage die fehlenden Zahlen ein.

1	2	3	4	5	6	7	8	9	10
11									
	23								
			35						40
						47			
								59	
	62				66	67			
	72	73		75			78		
	82			85		87			
			94	95	96				100

② **a)** Trage die fehlenden Zahlen ein.

• ☐ • **b)** Färbe die entsprechenden Teile in der Hundertertafel ein.

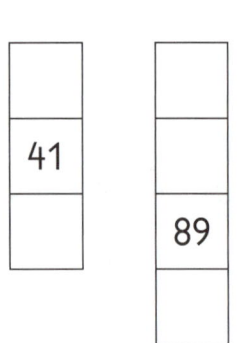

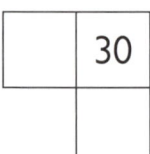

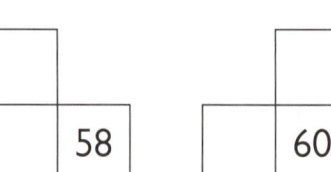

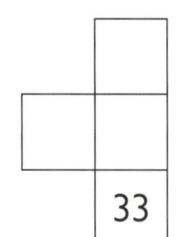

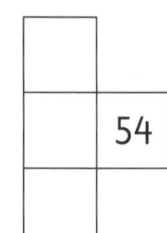

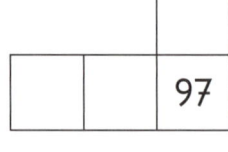

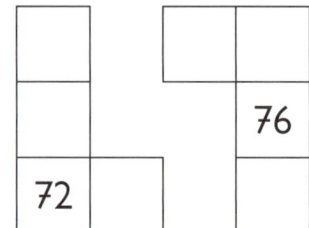

① Welche Zahlen gehören zu den Buchstaben?

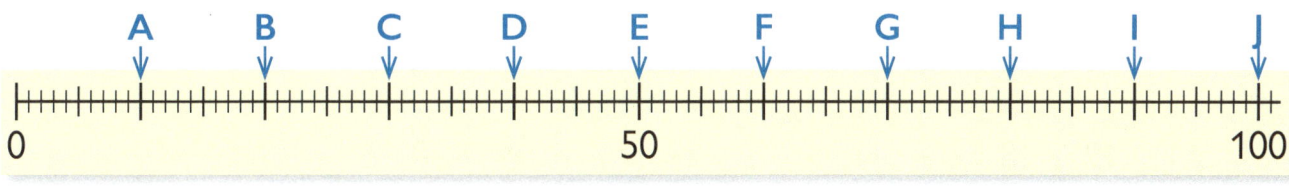

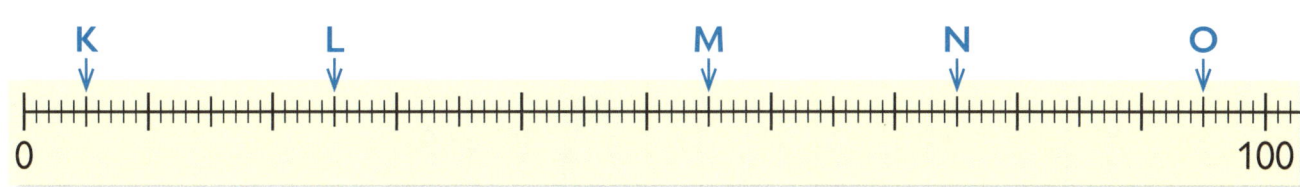

A <u>10</u>   B ____   C ____   D ____   E ____   F ____   G ____   H ____

I ____   J ____   K ____   L ____   M ____   N ____   O ____

② Finde Vorgänger und Nachfolger.

65	66	67

	42	

	81	

	13	

	44	

	95	

	57	

	60	

	39	

③ Finde den Zehner davor und den Zehner danach.

④ Ordne der Größe nach.

68   34   81   43
18   29   14   79

<u>14</u> , ____ , ____ , ____ , ____ , ____ , ____ , ____

100   11   25   86
41   56   73   32

____ , ____ , ____ , ____ , ____ , ____ , ____ , ____

① Notiere die Zahlenfolgen.

1	2	3	4	5	6	7		9	10
11	12	13	14	15	16	17		19	20
21	22	23	24	25	26	27		29	30
31	32	33	34	35	36	37		39	40
					46	47		49	50
51	52	53	54			57	58	59	60
61	62	63		65	66		68	69	70
71	72		74	75	76	77		79	80
81		83	84	85	86	87	88		90
	92	93	94	95	96	97	98	99	

blau _____ gelb _____

grün _____ rosa _____

② Trage ein.

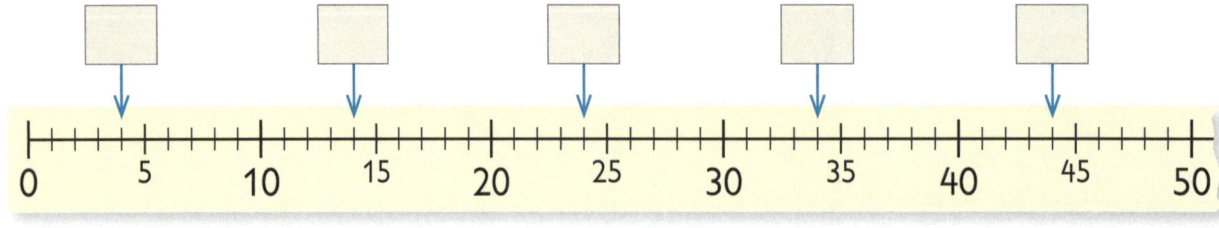

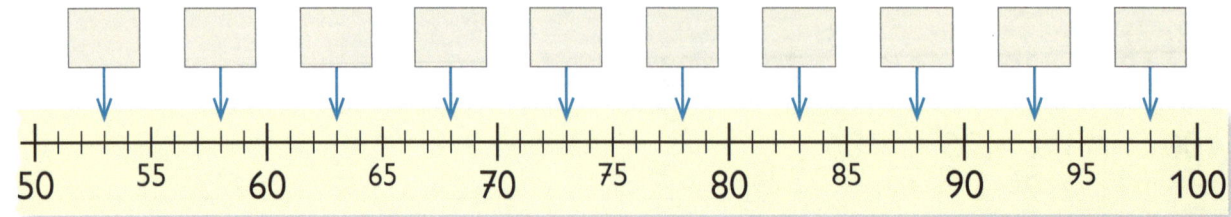

① Male an. Notiere, wie oft du die Grundformen im Bild siehst.

Rechteck: ☐ Quadrat: ☐ Dreieck: ☐ Kreis: ☐

② Lege und male.

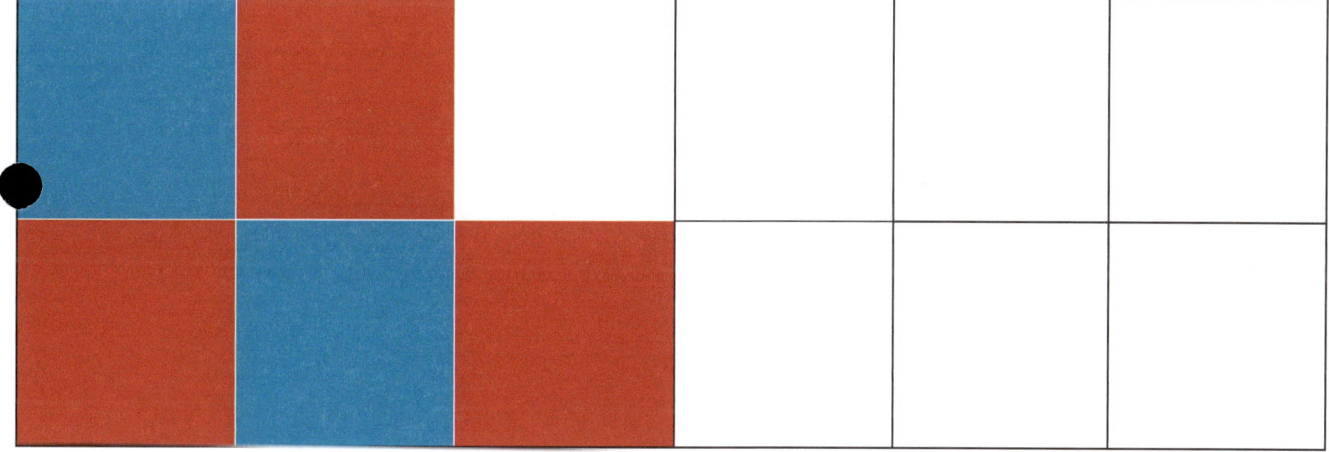

③ Setze das Muster fort.

Geometrische Grundformen – Körper

① Verbinde.

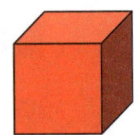   

| Kugel | Würfel | Quader | Zylinder |

② Vervollständige die Sätze.

Der Ball hat fast die Form einer _____ .

Der Klebestift hat fast die Form eines _____ .

Der Steckwürfel hat fast die Form eines _____ .

Das Buch hat fast die Form eines _____ .

Die Dose hat fast die Form eines _____ .

Das Paket hat fast die Form eines _____ .

③ Kreuze an.

	rollt	kippt
Quader		
Kugel		
Zylinder		

Mein Ball kann auch hüpfen.

SB▶24/25 AH▶13 A▶12

① Erst spannen, dann zeichnen.

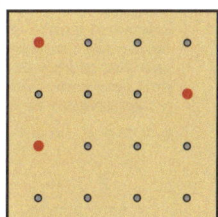

Ein Quadrat.

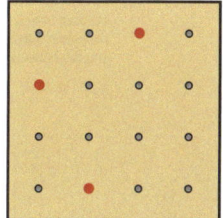

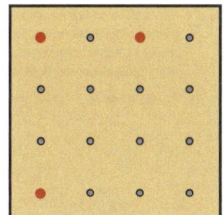

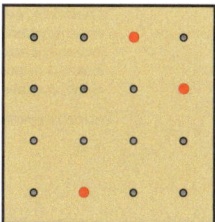

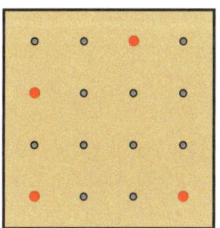
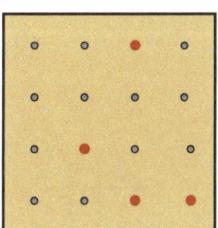
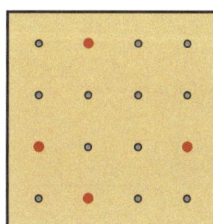
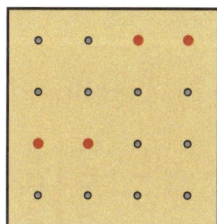

② Immer ein Eckpunkt mehr. Spanne und zeichne.

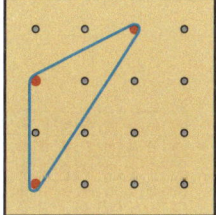
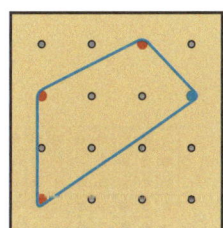
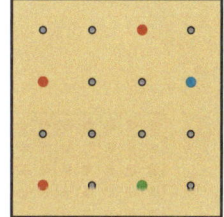
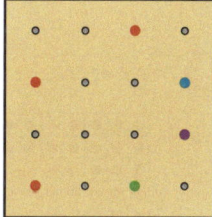

③ Immer ein Eckpunkt weniger.
Spanne eine eigene Bildfolge. Zeichne sie auf.

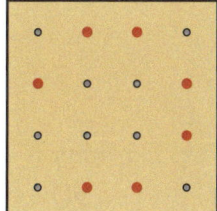
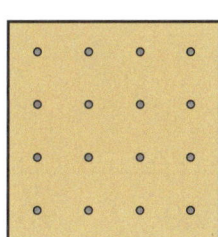
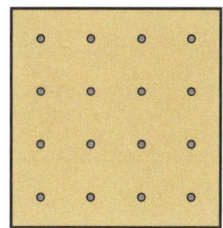
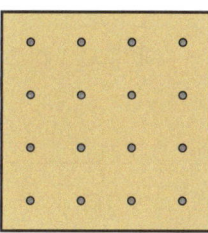

Das kann ich schon!

① Wie viele Zehner, wie viele Einer?

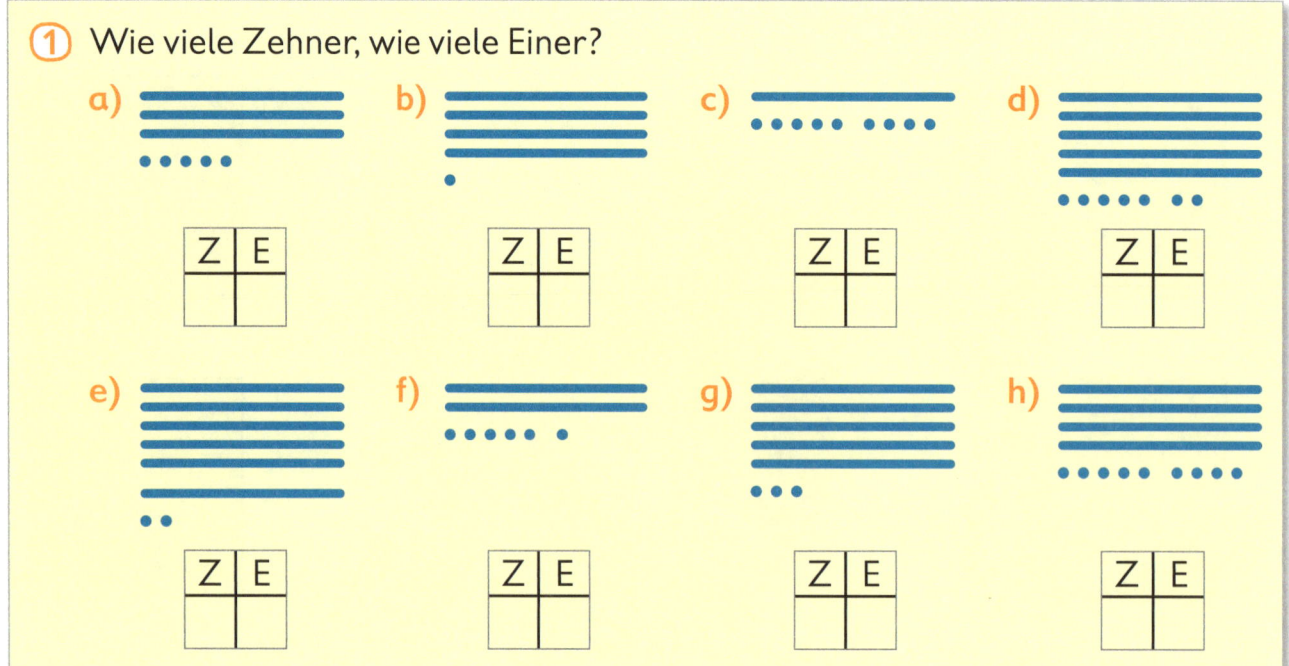

② Zeichne die Zahlbilder.

a)
Z	E
4	3

b)
Z	E
3	2

c)
Z	E
2	3

d)
Z	E
4	5

③ 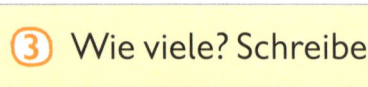 Wie viele? Schreibe.

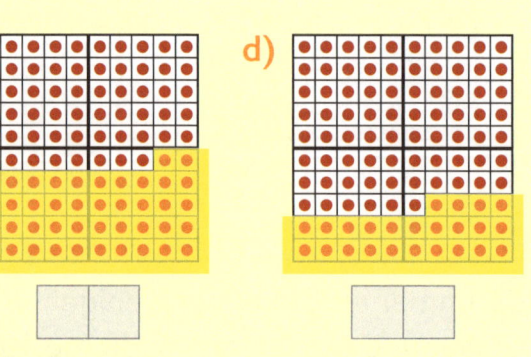

④ Trage ein.

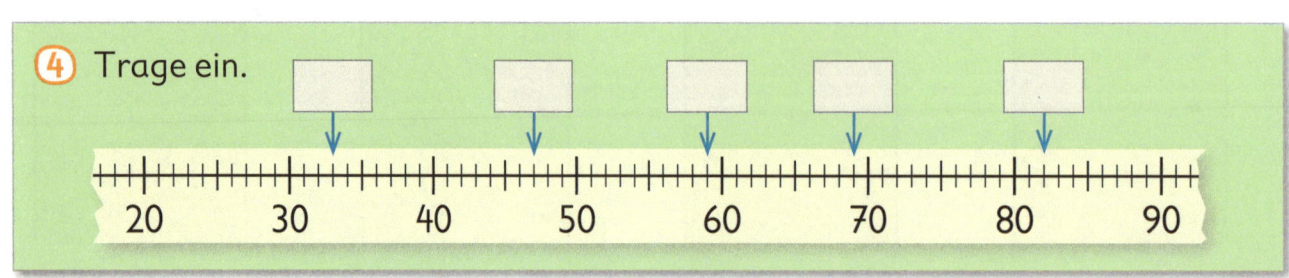

SB ▶ 28/29   A ▶ 14

1 Schreibe und rechne.

a)

b)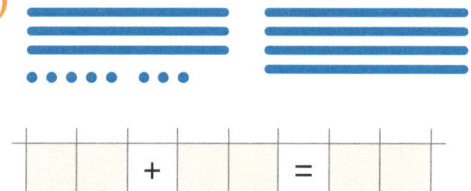

2 Schreibe und rechne.

a)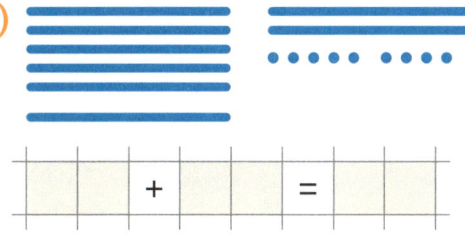

b)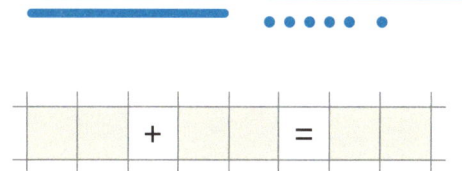

3 Schreibe und rechne.

a)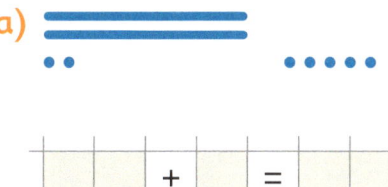

b)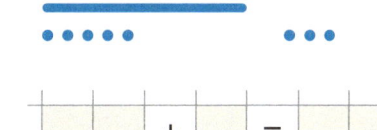

c)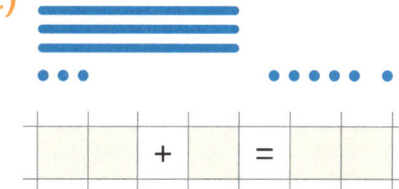

4 Fasse 10 Einer zu einem Zehner zusammen.

a)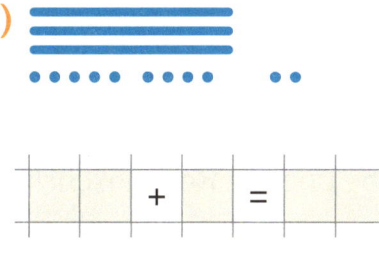

b)

c)

5 Überlege am Rechenstrich.

a)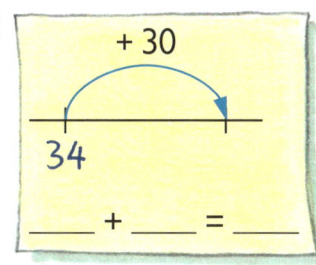

34 + 30 = ____
24 + 30 = ____
54 + 30 = ____
44 + 30 = ____
64 + 30 = ____

b)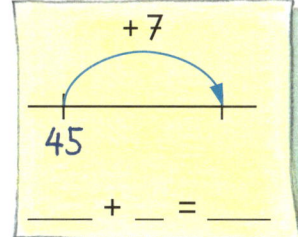

45 + 7 = ____
25 + 7 = ____
55 + 7 = ____
75 + 7 = ____
35 + 7 = ____

Addieren

3	2	+	2	5	=	5	7

① Lege und zeichne.

a)

2	3	+	1	4	=		

b)

4	4	+	2	3	=		

c)

5	1	+	2	8	=		

d)

3	5	+	4	4	=		

② Schreibe die Aufgabe und die Rechenschritte.

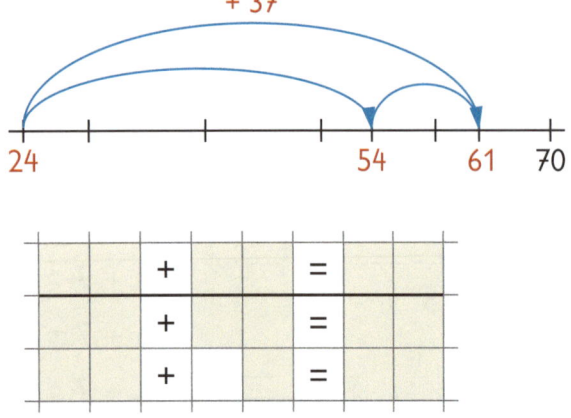

③ Ergänze den Rechenstrich. Schreibe die Aufgabe und die Rechenschritte.

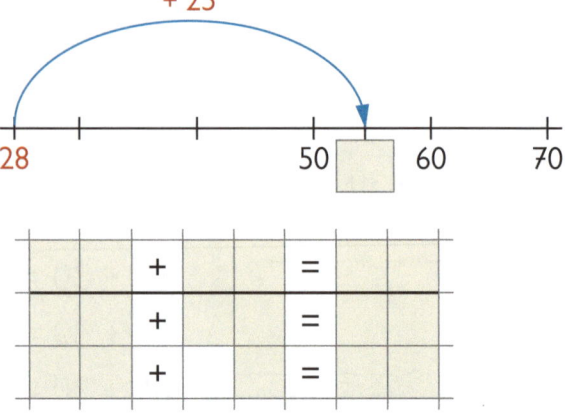

① Schreibe und rechne.

a)

b)

c)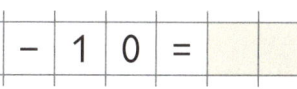

| 3 | 4 | – | 1 | 0 | = | | | | | | – | | | = | | | | | | – | | | = | |

② Schreibe und rechne.

a)

b)

c)

| 5 | 6 | – | 4 | = | | | | | | – | | = | | | | | | – | | = | |

③ Male und rechne.

| 2 | 4 | – | 1 | 0 | = | | | 3 | 2 | – | 2 | 0 | = | | | 4 | 3 | – | 2 | 0 | = | |

a)

b)

c)

④ Schreibe und rechne.

a)

____ – ___ = ___

b)

____ – ___ = ___

c)

____ – ___ = ___

d)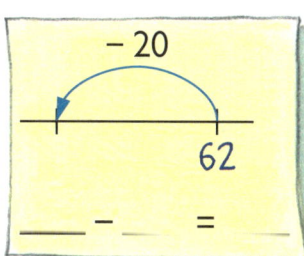

| | | – | | = | | |

e)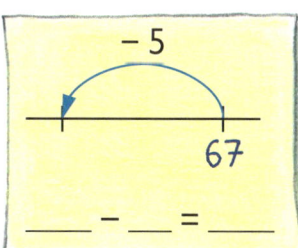

| | | – | | = | | |

f)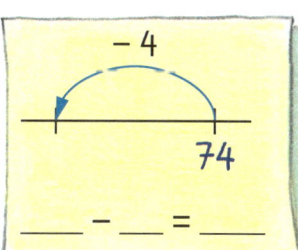

| | | – | | = | | |

Subtrahieren

① Zeichne und rechne.

a)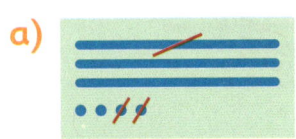

b)

c)

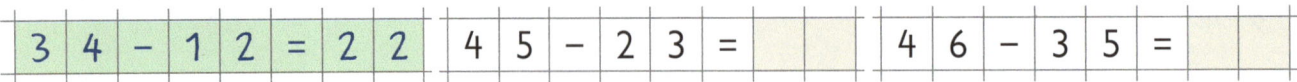

| 3 | 4 | – | 1 | 2 | = | 2 | 2 | | 4 | 5 | – | 2 | 3 | = | | | | 4 | 6 | – | 3 | 5 | = | | |

d)

e)

f)

| 5 | 3 | – | 2 | 1 | = | | | | 5 | 7 | – | 3 | 5 | = | | | | 6 | 8 | – | 4 | 6 | = | | |

---

② Zeichne und rechne.

a)

| 3 | 9 | – | 2 | 7 | = | | |

b)

| 5 | 6 | – | 2 | 4 | = | | |

c)

| 7 | 5 | – | 3 | 2 | = | | |

---

③ Zeichne und rechne.

> Der Zahlenstrahl hilft.

a)

10   20   30   40   50   60   70

| 5 | 3 | – | 1 | 5 | = | | | 5 | 3 | – | 2 | 5 | = | | | 5 | 3 | – | 3 | 5 | = | | |

b)

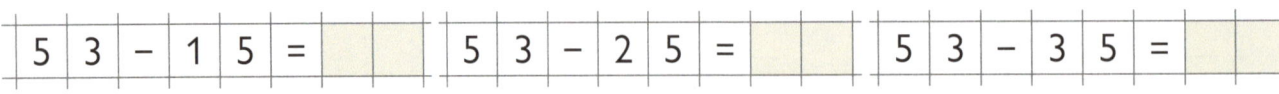

10   20   30   40   50   60   70

| 7 | 2 | – | 1 | 6 | = | | | 7 | 2 | – | 3 | 6 | = | | | 7 | 2 | – | 5 | 6 | = | | |

© 2014 Cornelsen Schulverlage GmbH, Berlin. Alle Rechte vorbehalten.

Nutze Zahlbilder, Zahlenstrahl oder Rechenstrich, wenn du möchtest.

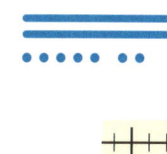 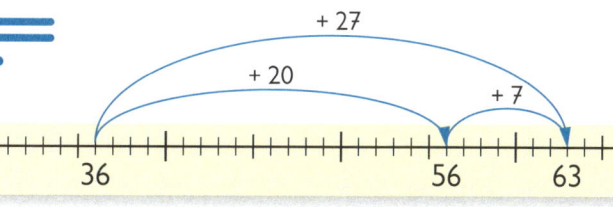

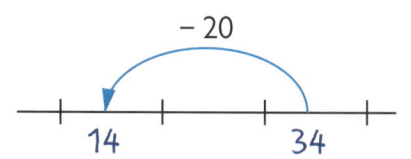 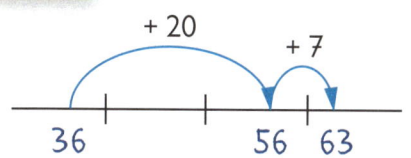

① Rechne.

a) 32 + 5 = _____ b) 32 + 20 = _____ c) 32 + 25 = _____

52 + 4 = _____ 52 + 20 = _____ 52 + 24 = _____

62 + 6 = _____ 62 + 20 = _____ 62 + 26 = _____

42 + 7 = _____ 42 + 20 = _____ 42 + 27 = _____

② Rechne.

a) 79 – 5 = _____ b) 79 – 20 = _____ c) 79 – 25 = _____

59 – 4 = _____ 59 – 20 = _____ 59 – 24 = _____

69 – 6 = _____ 69 – 20 = _____ 69 – 26 = _____

49 – 7 = _____ 49 – 20 = _____ 49 – 27 = _____

③ Ergänze.

32 + _____ = 82

54 + _____ = 94

28 + _____ = 88

43 + _____ = 83

④ Ergänze.

56 – _____ = 26

75 – _____ = 25

63 – _____ = 33

87 – _____ = 77

Addieren und Subtrahieren

① Schreibe und rechne zu jeder Aufgabe auch die Tauschaufgabe.

a) 5 4 + 2 7 =
   + =

b) 4 7 + 2 6 =
   + =

② Schreibe und rechne zu jeder Aufgabe die Umkehraufgabe.

a) 2 3 + 1 9 =
   − =

b) 3 4 + 2 8 =
   − =

c) 8 3 − 3 4 =
   + =

d) 7 4 − 5 5 =
   + =

③ Bilde Aufgabenfamilien. Ergänze passende Zahlen.

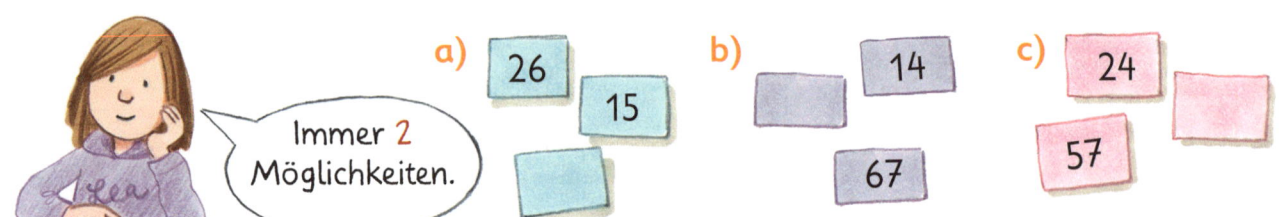

Immer 2 Möglichkeiten.

a) 26 15

b) 14 67

c) 24 57

④ Zeige deinen Rechenweg am Rechenstrich.

a) 5 8 + 3 4 =

b) 8 2 − 5 5 =

58

82

⑤ Schreibe deine Rechenschritte auf.

a) 2 5 + 3 7 =
   + =
   + =

b) 5 8 + 2 4 =
   + =
   + =

c) 8 1 − 5 6 =
   − =
   − =

d) 9 4 − 7 8 =
   − =
   − =

① Wie viel Geld ist im Portemonnaie?

| | Cent | | Euro | | Euro |

② Lege mit Rechengeld. Zeichne.

70 €	34 €	42 €	15 €

③ Lege 20 Euro. Finde verschiedene Möglichkeiten.
▪□▪ Zeichne.

Sachrechnen

Springseil 15 €   Indiaca 10 €   Laufdosen 9 €   Ballfangspiel 13 €

Wurfscheibe 6 €   Federballspiel 21 €   Boccia 14 €   Softfußball 19 €

① **Das weiß ich schon:**

Ein Federballspiel kostet ☐ €.

Ein Softfußball kostet ☐ €.

> Ich kaufe ein Federballspiel und einen Softfußball.

Das will ich wissen:

Wie viel kosten die Vorschläge von Nele zusammen?

So finde ich das heraus:

Das weiß ich jetzt:

Die Vorschläge von Nele kosten zusammen ☐ €.

② **Das weiß ich schon:**

Ein Boccia-Spiel kostet ☐ €.

Ein Indiaca kostet ☐ €.

Eine Wurfscheibe kostet ☐ €.

> Ich kaufe ein Boccia-Spiel, ein Indiaca und eine Wurfscheibe.

Das will ich wissen:

Wie viel kosten die Vorschläge von Ali zusammen?

So finde ich das heraus:

Das weiß ich jetzt:

Die Vorschläge von Ali kosten zusammen ☐ €.

1 Kreise ein.

kürzer als 1 m

länger als 1 m

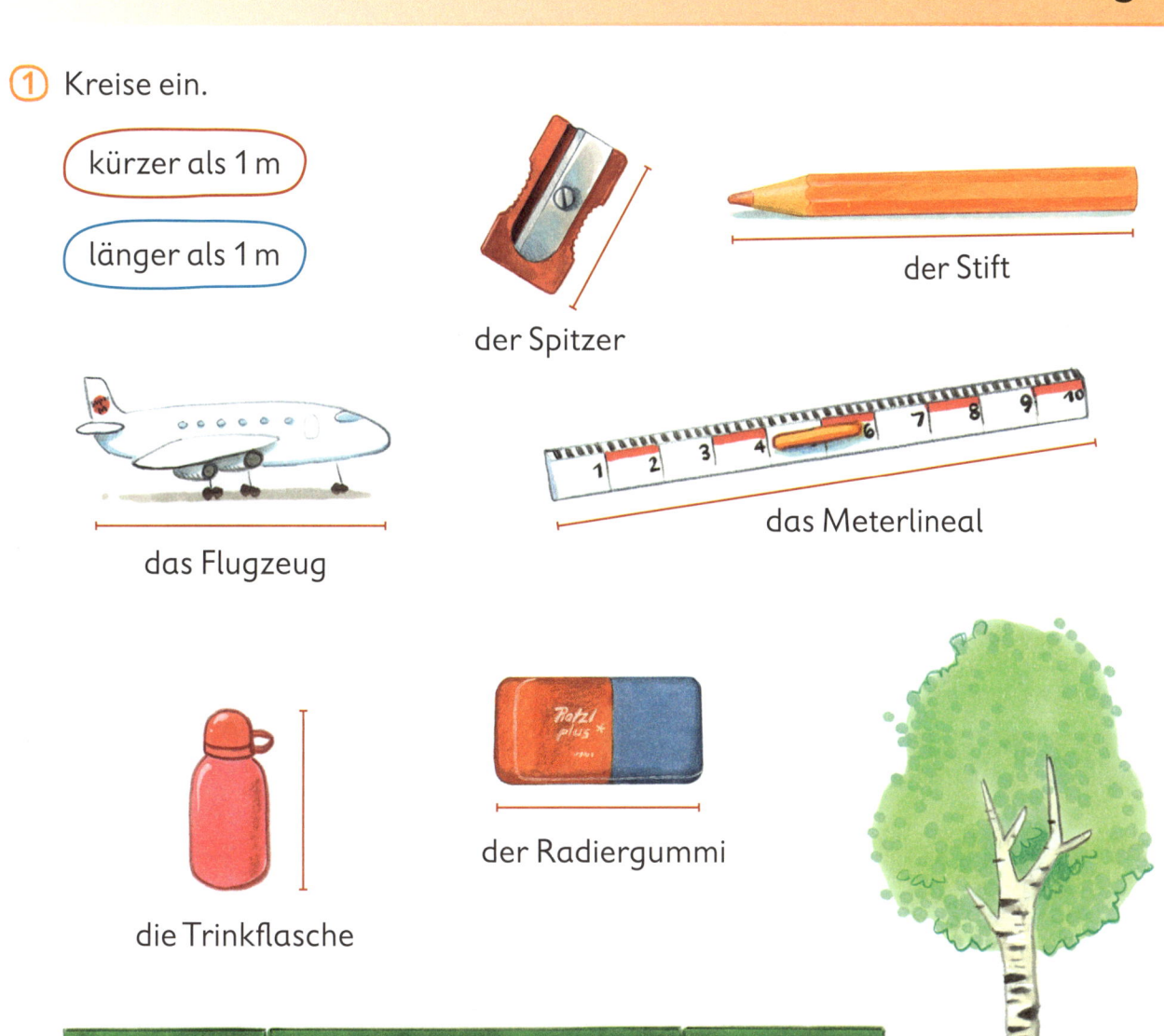

der Spitzer

der Stift

das Flugzeug

das Meterlineal

die Trinkflasche

der Radiergummi

der Baum

die Tafel

2 Ordne die Gegenstände der Länge nach. Beginne mit dem längsten.

der Baum,

Meter und Zentimeter: Messen und zeichnen

① m oder cm? Kreuze an.

Lastwagen	10 m ☐	10 cm ☐
Kind	1 m ☐	1 cm ☐
Stift	15 m ☐	15 cm ☐
Biene	1 m ☐	1 cm ☐
Finger	5 m ☐	5 cm ☐
Schwimmbecken	25 m ☐	25 cm ☐
Buch	20 m ☐	20 cm ☐
Tür	2 m ☐	2 cm ☐

② Miss die Länge jeder Strecke.

a) ⊢————⊣ ___ cm

b) ⊢———————————⊣ ___ cm

c) ⊢—————⊣ ___ cm

d) ⊢————————⊣ ___ cm

e) ⊢————⊣ ___ cm

f) ⊢————⊣ ___ cm

g) ⊢—⊣ ___ cm

Schau genau!

③ Zeichne die Strecken. Miss zur Kontrolle nach.

a) 4 cm ⊢--

b) 9 cm ⊢--

c) 6 cm ⊢--

d) 10 cm ⊢--

e) 12 cm ⊢--

f) 14 cm ⊢--

SB ▶ 54/55 AH ▶ 26 A ▶ 24

① Wie viel zusammen?

a)   b)   c)   d)

_____   _____   _____   _____

② Welche Geldbeträge sind mit 3 Scheinen möglich?
Schreibe als Plusaufgaben.

③ Mio kauft 2 Spiele.
Wie viel Geld behält er sicher übrig?

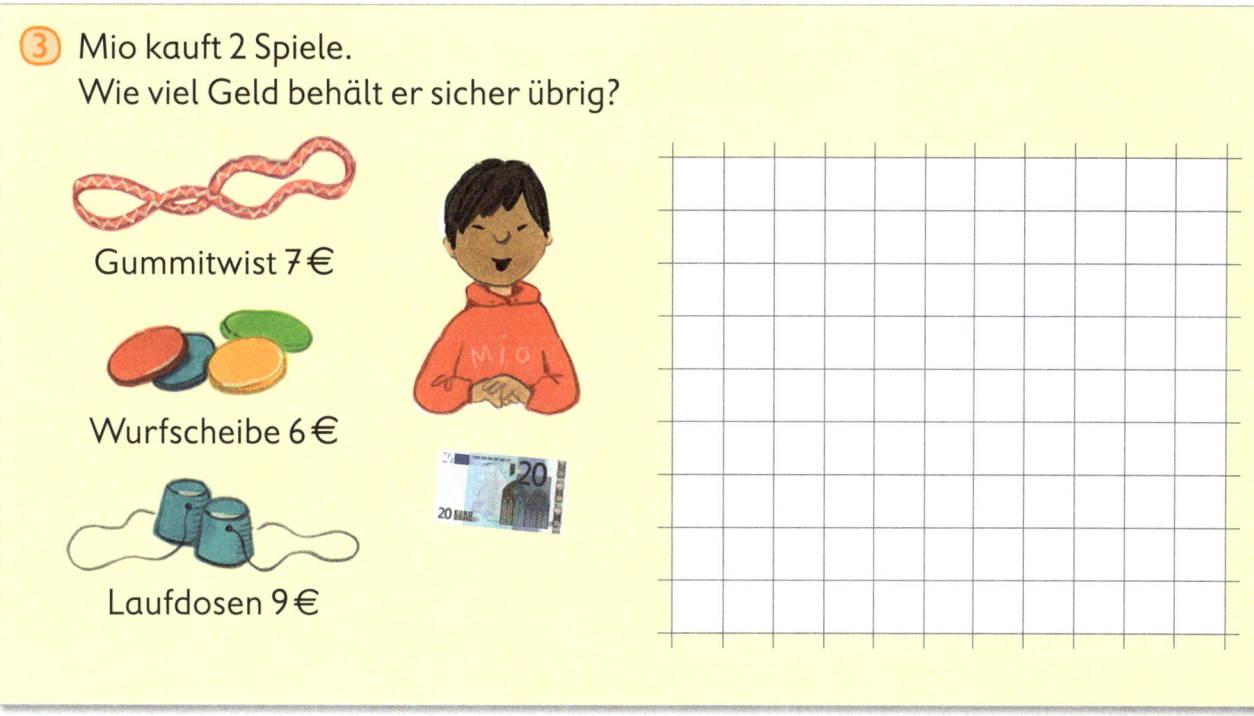

Gummitwist 7 €

Wurfscheibe 6 €

Laufdosen 9 €

Malaufgaben in der Schule

① Schreibe und rechne immer eine Plusaufgabe und eine Malaufgabe.

	+		+		=	
			·		=	

	+		=	
		·		=

② Schreibe und rechne die Malaufgaben.

a)
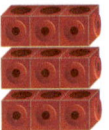

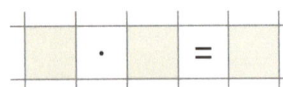

	·		=	

b)
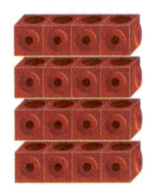

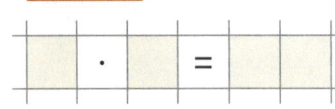

	·		=	

c)
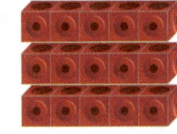

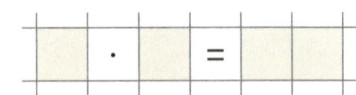

	·		=	

d)
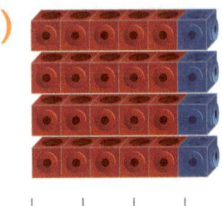

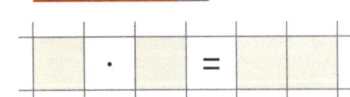

	·		=	

e)
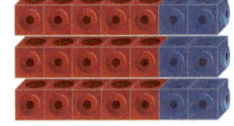

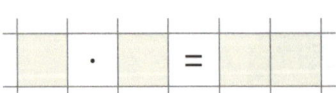

	·		=	

f)

	·		=	

③ Schreibe und rechne die Malaufgaben.

3 + 3   2 · 3 = 6

5 + 5 + 5 + 5   __ · __ = ___

7 + 7 + 7 + 7   __ · __ = ___

9 + 9 + 9   __ · __ = ___

8 + 8 + 8 + 8 + 8   __ · __ = ___

2 + 2 + 2 + 2   __ · __ = ___

④ Schreibe die Malaufgaben.
Setze fort.

6   1 · 6 = 6

6 + 6   2 · 6 = ___

6 + 6 + 6   __ · __ = ___

_____   __ · __ = ___

_____   __ · __ = ___

SB ▶ 58/59   AH ▶ 27   A ▶ 26

① Schreibe zu jeder Verpackung die passende Malaufgabe.

a)

$\boxed{} \cdot \boxed{} = \boxed{}$

b)

$\boxed{} \cdot \boxed{} = \boxed{}$

c)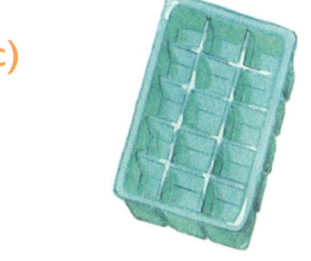

$\boxed{} \cdot \boxed{} = \boxed{}$

d)

$\boxed{} \cdot \boxed{} = \boxed{}$

e)

$\boxed{} \cdot \boxed{} = \boxed{}$

f)

$\boxed{} \cdot \boxed{} = \boxed{}$

② Schreibe zu jedem Punktefeld die passende Malaufgabe.

a)　　　b)　　　c)　　　d)

_____　_____　_____　_____

e)　　　f)　　　g)　　　h)

_____　_____　_____　_____

③ Welche Felder gehören zu Tauschaufgaben? Verbinde.

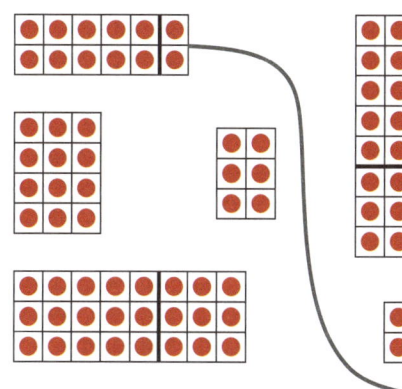
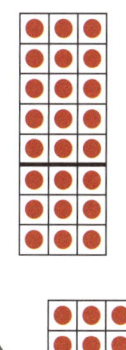
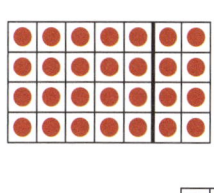
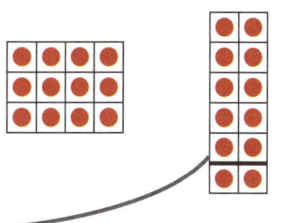
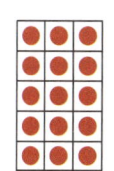
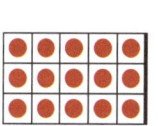
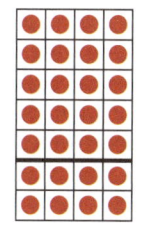

Multiplikation – Hunderterfeld

① Verbinde jedes Bild mit der passenden Aufgabe.
Zeige, rechne und trage ein.

a) 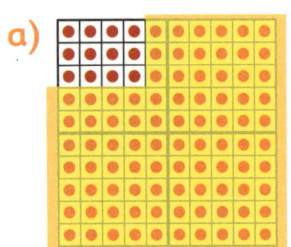 b) 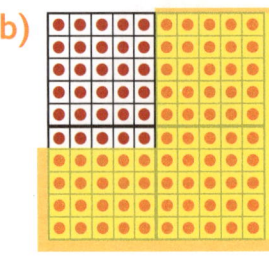 c) 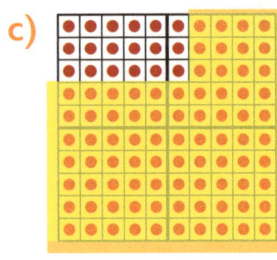 d)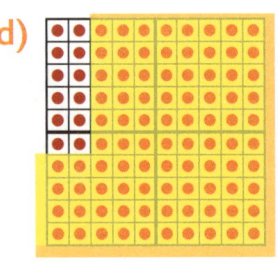

| 6 | · | 5 | = | | | | 3 | · | 4 | = | | | | 6 | · | 2 | = | | |

| 4 | · | 5 | = | | | | 3 | · | 6 | = | | |

| 5 | · | 3 | = | | | | 2 | · | 7 | = | | | | 4 | · | 6 | = | | |

e) 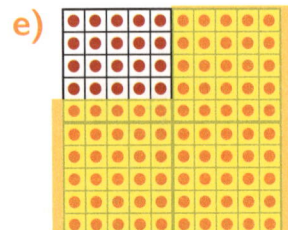 f) 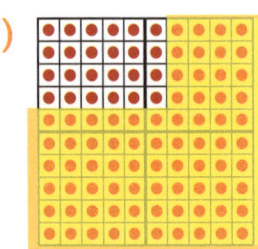 g) 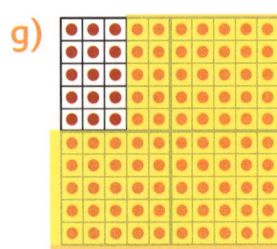 h)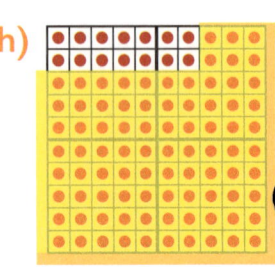

② Schreibe und rechne die passenden Aufgaben.

a) 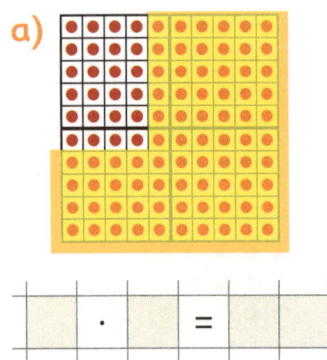 b) 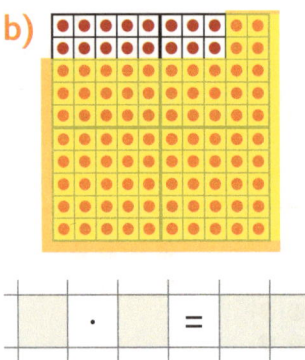 c)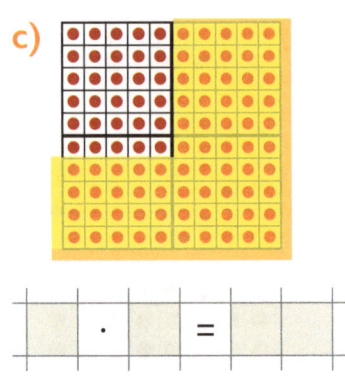

| | · | | = | | | | | · | | = | | | | | · | | = | | |

SB▶62/63 AH▶29 A▶28

① Male immer doppelt so viele. Trage ein.

a)
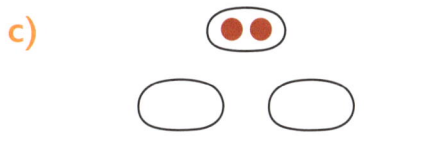
Das Doppelte von 1 ist 2 .

b)
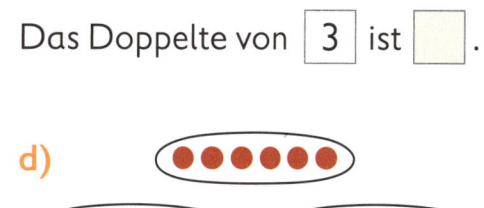
Das Doppelte von 3 ist ⬚ .

c)
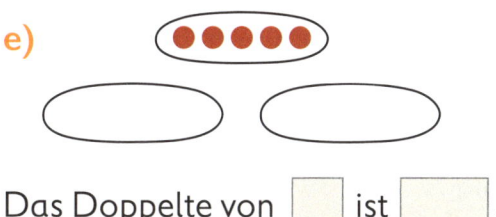
Das Doppelte von ⬚ ist ⬚ .

d)
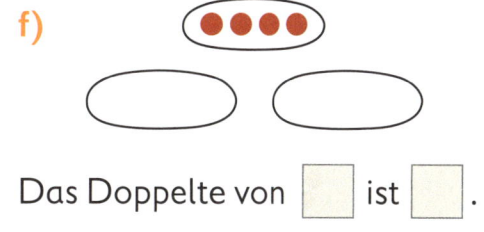
Das Doppelte von ⬚ ist ⬚ .

e)

Das Doppelte von ⬚ ist ⬚ .

f)
Das Doppelte von ⬚ ist ⬚ .

② Schreibe die Malaufgaben.

a)
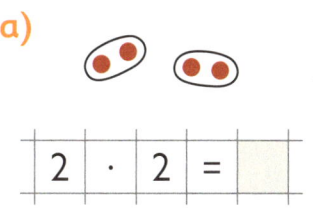
2 · 2 =

b)
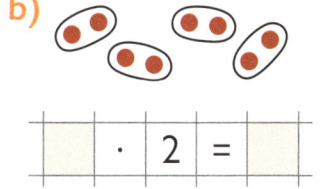
⬚ · 2 =

c)
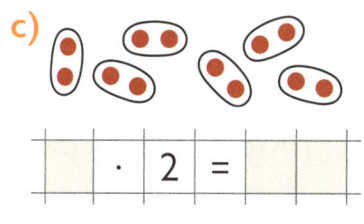
⬚ · 2 =

d)
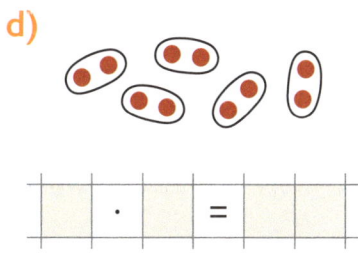
⬚ · ⬚ = ⬚

e)
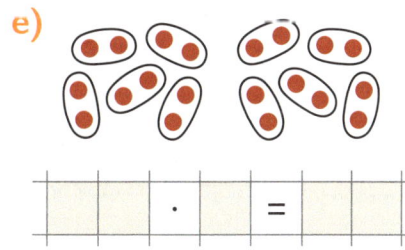
⬚ · ⬚ = ⬚

f)
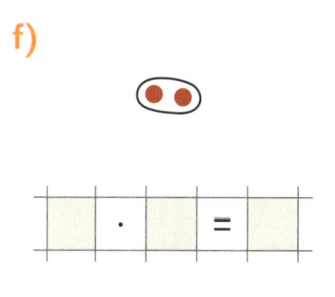
⬚ · ⬚ = ⬚

g)
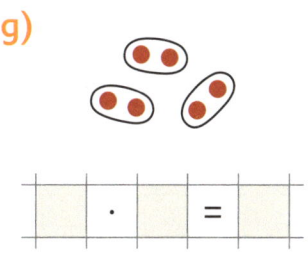
⬚ · ⬚ = ⬚

h)
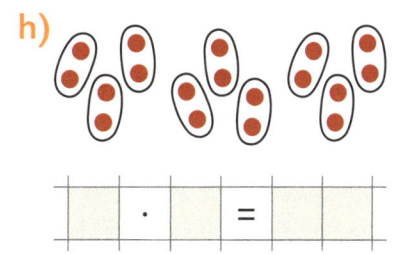
⬚ · ⬚ = ⬚

i)
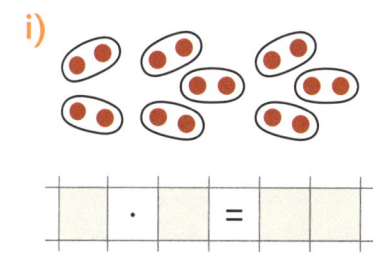
⬚ · ⬚ = ⬚

Einmaleins mit 5 und 10

① Malaufgaben mit Fünfern.

a)
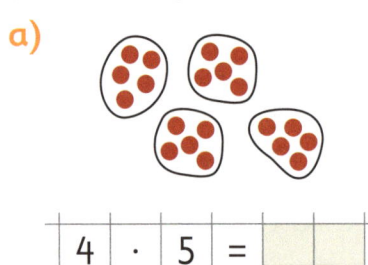

| 4 | · | 5 | = | | |

b)
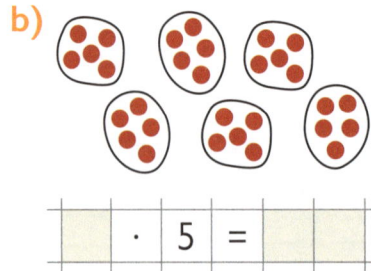

| | · | 5 | = | | |

c)
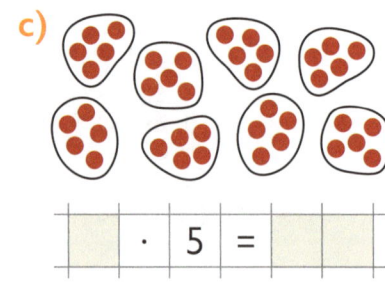

| | · | 5 | = | | |

d)
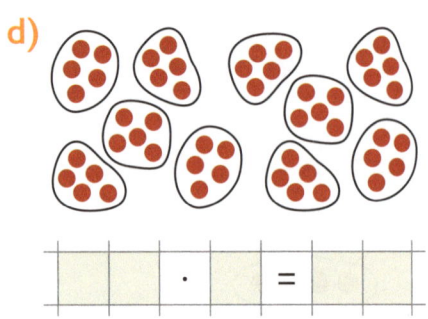

| | · | | = | | |

e)
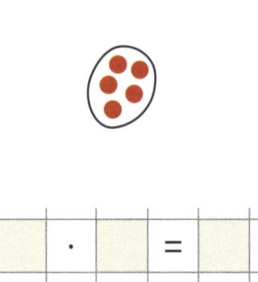

| | · | | = | | |

f)
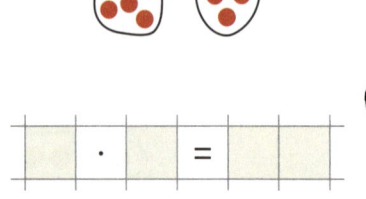

| | · | | = | | |

g)
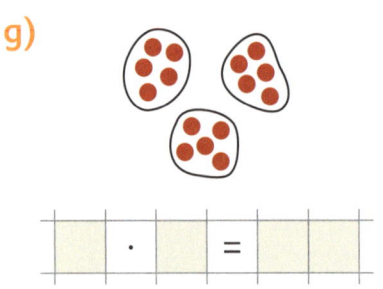

| | · | | = | | |

h)
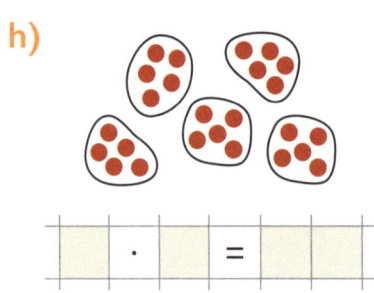

| | · | | = | | |

i)
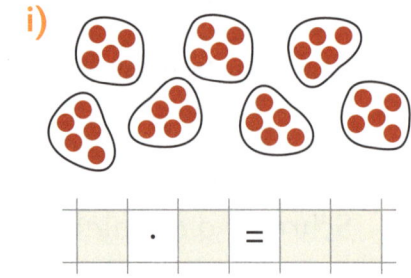

| | · | | = | | |

② Malaufgaben mit Zehnern.

a)
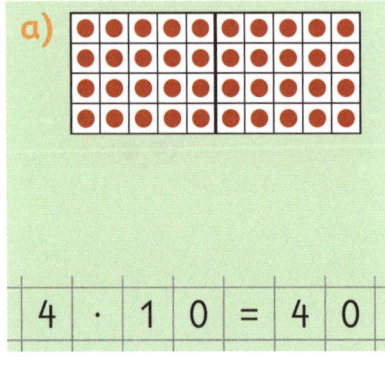

| 4 | · | 1 | 0 | = | 4 | 0 |

b)
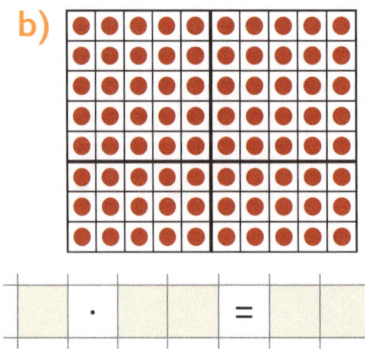

| | · | | | = | | |

c)
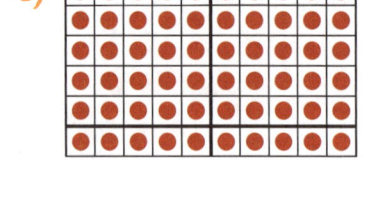

| | · | | | = | | |

d)
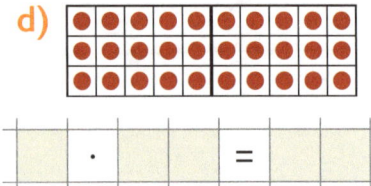

| | · | | = | | |

e)
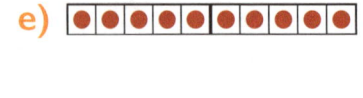

| | · | | = | | |

f)
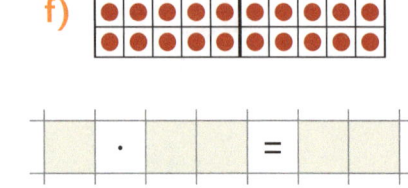

| | · | | = | | |

① Zu jedem Punktefeld die passende Aufgabe. Schreibe und rechne.
Ordne die Aufgaben zum Super-Päckchen.

a)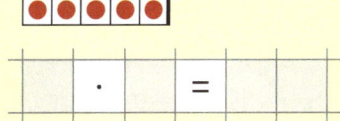

$\cdot$ $=$

b)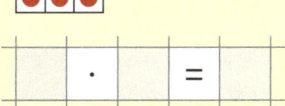

$\cdot$ $=$

c)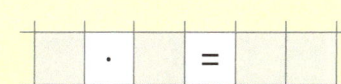

$\cdot$ $=$

d)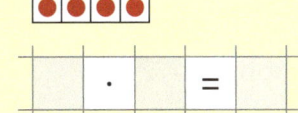

$\cdot$ $=$

e)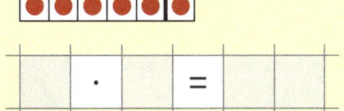

$\cdot$ $=$

f)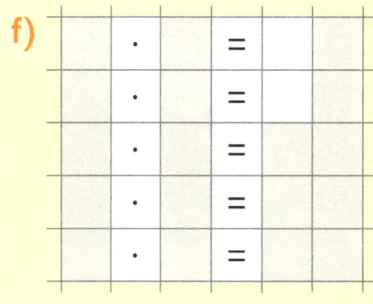

$\cdot$ $=$
$\cdot$ $=$
$\cdot$ $=$
$\cdot$ $=$
$\cdot$ $=$

② Rechne. Male zu jeder Aufgabe das passende Punktefeld.

a) $3 \cdot 4 =$

b) $5 \cdot 3 =$

c) $4 \cdot 5 =$

③ Setze die Super-Päckchen fort.
Färbe die Ergebnisfelder in der Einmaleinstafel ein.

a)

$5 \cdot 2 =$
$5 \cdot 4 =$
$5 \cdot \quad =$
$\quad \cdot \quad =$
$\quad \cdot \quad =$

b)

$10 \cdot 1 =$
$10 \cdot 3 =$
$10 \cdot \quad =$
$\quad \cdot \quad =$
$\quad \cdot \quad =$

·	1	2	3	4	5	6	7	8	9	10
1										
2										
3										
4										
5										
6										
7										
8										
9										
10										

Division – Aufteilen

① Bildet Fünfergruppen. Jede Gruppe bekommt einen Ball.

   a) Kreise immer 5 Kinder ein.
   b) Schreibe und rechne die Aufgabe.
   c) Trage das Ergebnis ein.

② Kreise immer gleich viele ein. Schreibe und rechne die Aufgaben.

a)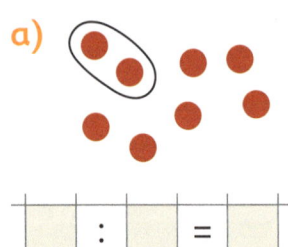

b)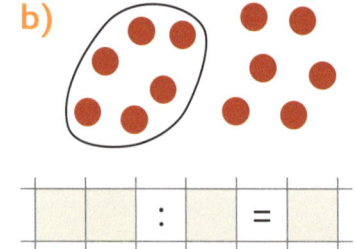

c)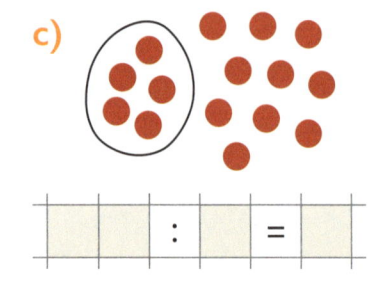

③ Male zu jeder Aufgabe ein Punktebild. Trage das Ergebnis ein.

a) | 6 | : | 3 | = | |

b) | 1 | 5 | : | 3 | = | |

c) | 1 | 2 | : | 4 | = | |

① Verteile 16 Karten an 4 Kinder.
Male. Schreibe die Aufgabe.
Trage ein.

	:		=	

Jedes Kind bekommt ___ Karten.

② Verteile 20 Karten an 5 Kinder.
Male. Schreibe die Aufgabe.
Trage ein.

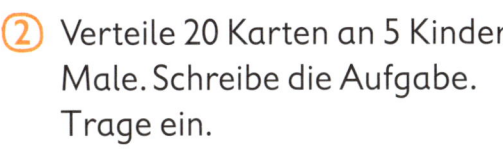

	:		=	

Jedes Kind bekommt ___ Karten.

③ Male und schreibe die Aufgaben.

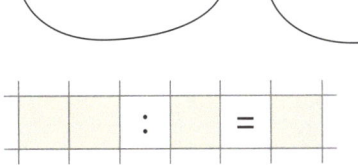

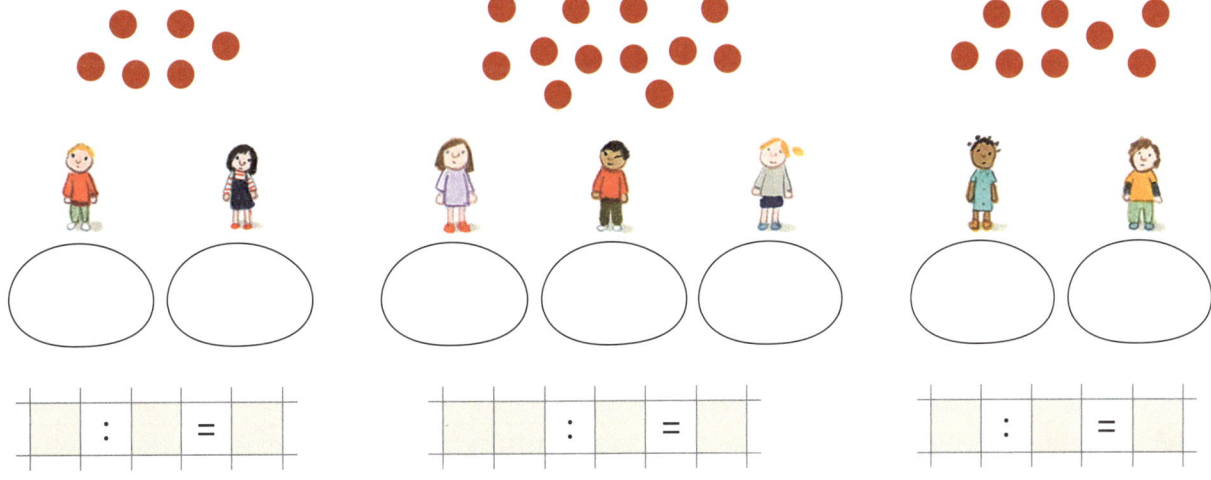

	:		=	

① Zeichne und schreibe die Malaufgaben.

a)
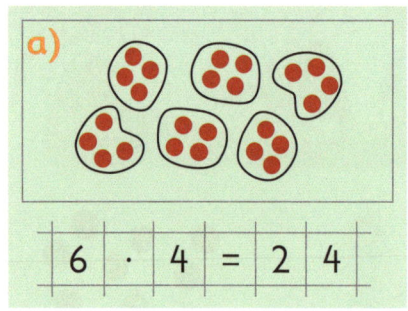

$6 \cdot 4 = 24$

b)

$3 \cdot 4 =$

c)

$5 \cdot 4 =$

d)

$4 \cdot 4 =$

e)

$2 \cdot 4 =$

f)

$7 \cdot 4 =$

② Zeige, schreibe und rechne.

a)
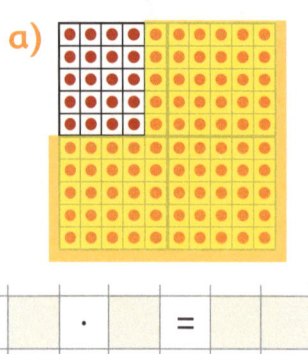

$\cdot \quad =$

b)
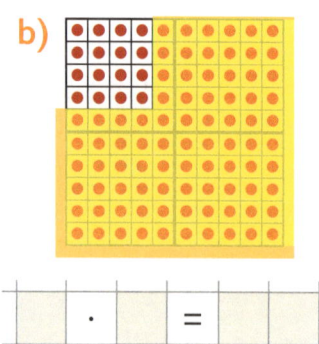

$\cdot \quad =$

c)
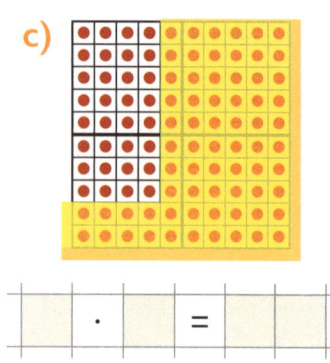

$\cdot \quad =$

③ Zeige, schreibe und rechne.

a)
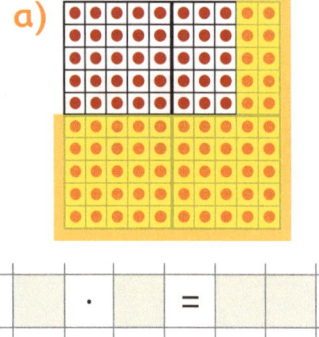

$\cdot \quad =$

b)
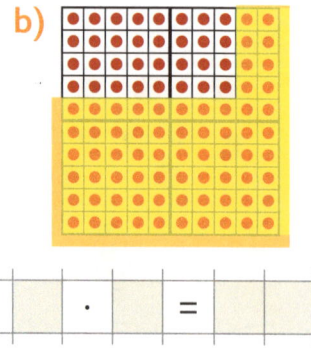

$\cdot \quad =$

c)
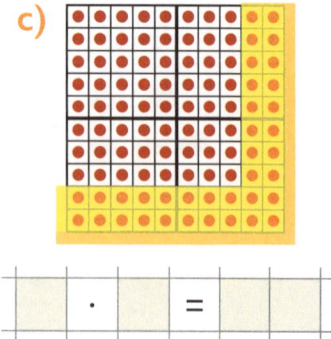

$\cdot \quad =$

④ Male die Zahlen der Viererreihe an.

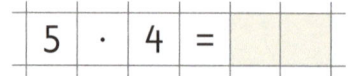

0 1 2 3 4 5 6 7 8 9 10 11 12 13 14 15 16 17 18 19 20 21 22 23 24 25 26 27 28 29 30 31 32 33 34 35 36 37 38 39 40 41 42 43 44 45 46 47 48 49

SB ▶ 74/75 AH ▶ 34 A ▶ 34

① Schreibe und rechne.

Was fällt dir auf?

a)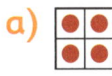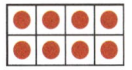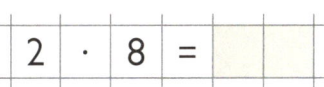

2 · 2 =   2 · 4 =   2 · 8 =

b)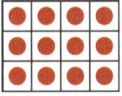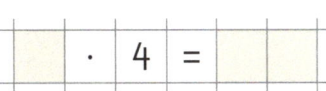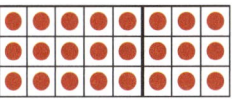

3 · 2 =   · 4 =   · 8 =

c)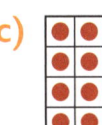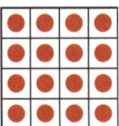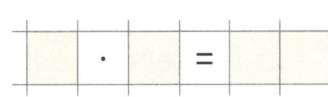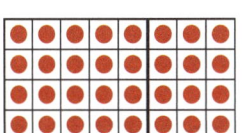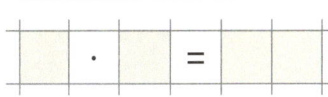

4 · 2 =   · =   · =

② Male die Punktefelder.

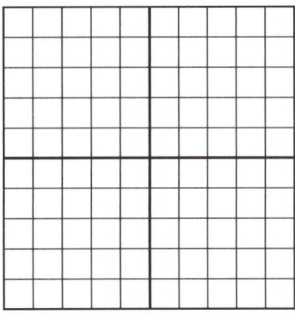   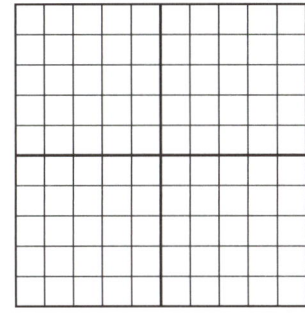   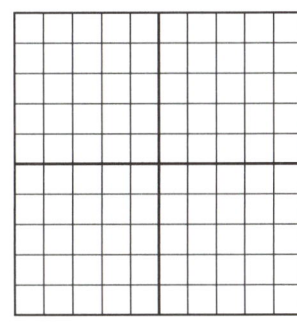   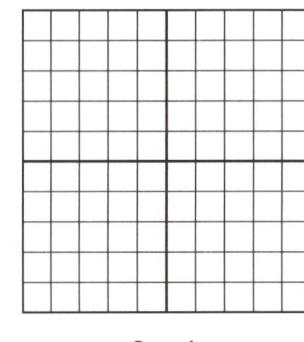

5 · 8   7 · 8   8 · 4   9 · 4

③ Rechne.

a) 5 · 2 = ____ **b)** 6 · 2 = ____ **c)** 7 · 2 = ____ **d)** 10 · 2 = ____ **e)** 9 · 2 = ____
5 · 4 = ____   6 · 4 = ____   7 · 4 = ____   10 · 4 = ____   9 · 4 = ____
5 · 8 = ____   6 · 8 = ____   7 · 8 = ____   10 · 8 = ____   9 · 8 = ____

④ Rechne.

a) 10 : 2 = __ **b)** 12 : 2 = __ **c)** 14 : 2 = __ **d)** 20 : 2 = ____ **e)** 18 : 2 = __
20 : 4 = __   24 : 4 = __   28 : 4 = __   40 : 4 = ____   36 : 4 = __
40 : 8 = __   48 : 8 = __   56 : 8 = __   80 : 8 = ____   72 : 8 = __

Das kann ich schon!

① 12 Kinder bilden Gruppen.
Wie viele Vierergruppen entstehen?

Male für jedes Kind einen Punkt ●.
Kreise die Vierergruppen ein ◯.

Schreibe und rechne. | 1 | 2 | ◯ | | = | | Es entstehen ___ Vierergruppen.

② 15 Kinder bilden Gruppen.
Wie viele Fünfergruppen entstehen?
Male.

Schreibe und rechne.
| | | ◯ | | = | | Es entstehen ___ Fünfergruppen.

③ Tom verteilt 18 Bonbons gerecht an 3 Kinder.
Wie viele Bonbons bekommt jedes Kind?
Male.

Schreibe und rechne.
| | | ◯ | | = | | Jedes Kind bekommt ___ Bonbons.

④ Welche Zahlen der Viererreihe fehlen? Trage ein.

4   16   40   28   20

⑤ Welche Geschichten passen zur Aufgabe?   12 : 2

Trage ein: ✓ oder ⊘

☐ Tom verteilt 12 Bonbons an sich und seine 2 Freunde

☐ Tom verteilt 12 Bonbons an 2 Kinder.

☐ Tom verschenkt 2 von seinen 12 Bonbons.

☐ Tom verpackt 12 Äpfel in Beutel zu je 2 Äpfeln.

① Zeichne und schreibe die Malaufgaben.

a)
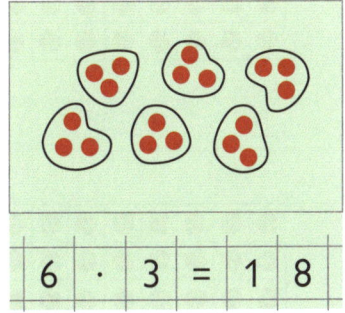

| 6 | · | 3 | = | 1 | 8 |

b)
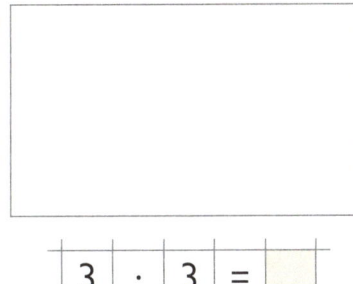

| 3 | · | 3 | = | |

c)
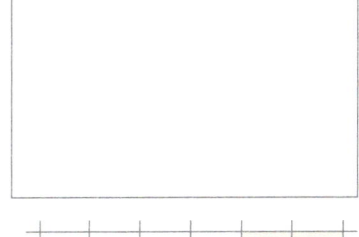

| 5 | · | 3 | = | |

d)

| 4 | · | 3 | = | |

e)
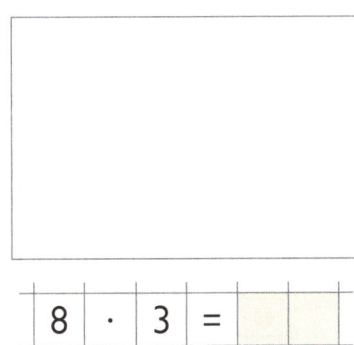

| 8 | · | 3 | = | |

f)

| 7 | · | 3 | = | |

② Zeige, schreibe und rechne.

a)
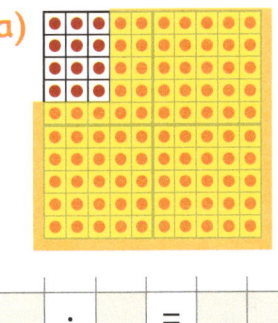

| | · | | = | |

b)
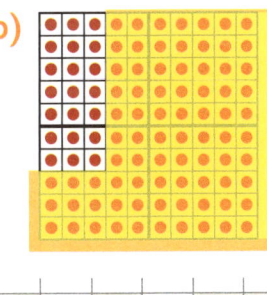

| | · | | = | |

c)
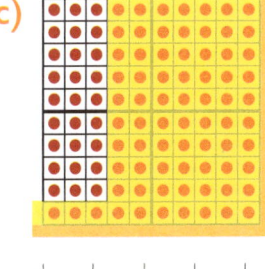

| | · | | = | |

③ Zeige, schreibe und rechne.

a)
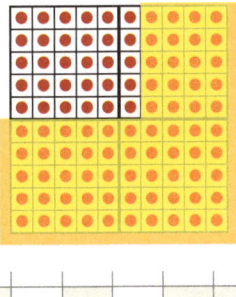

| | · | | = | |

b)
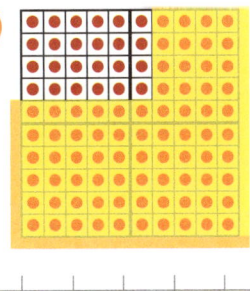

| | · | | = | |

c)

| | · | | = | |

Einmaleins mit 3, 6, 9

① Schreibe und rechne.

a)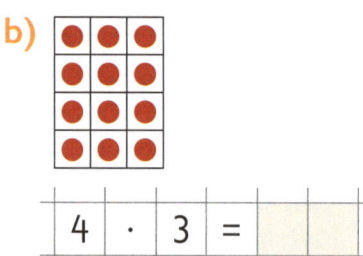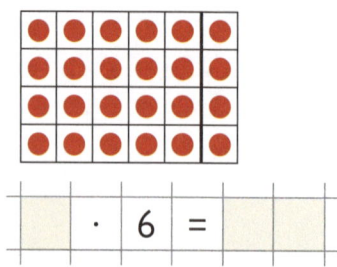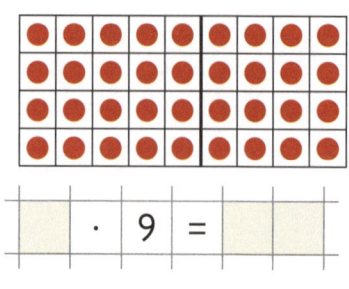

$2 \cdot 3 = $ $2 \cdot 6 = $ $2 \cdot 9 = $

b)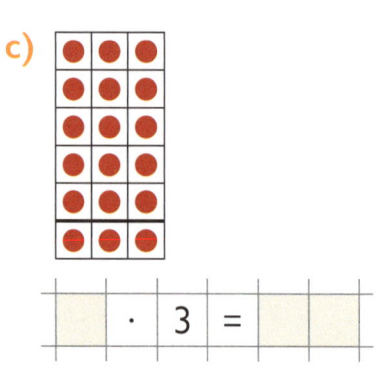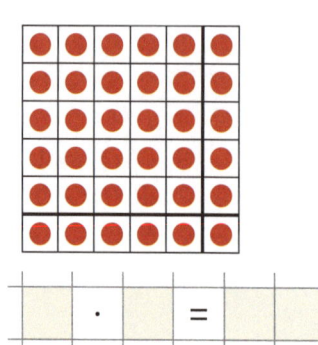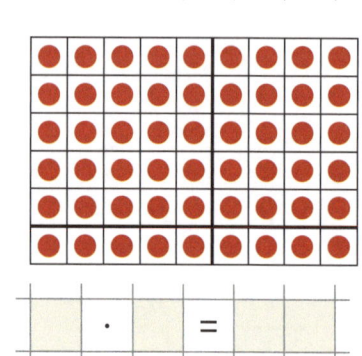

$4 \cdot 3 = $ $\quad \cdot 6 = $ $\quad \cdot 9 = $

c)

$\quad \cdot 3 = $ $\quad \cdot \quad = $ $\quad \cdot \quad = $

② Zeige am Hunderterfeld. Schreibe und rechne.

4	·	9	=	4	·	1 0	− 4	=
3	·	9	=	3	·	1 0	− 3	=
5	·	9	=		·		−	=
7	·	9	=		·		−	=
9	·	9	=		·		−	=

Rechne.

③
$5 \cdot 3 = \underline{\quad}$ $2 \cdot 3 = \underline{\quad}$ $6 \cdot 3 = \underline{\quad}$ $8 \cdot 3 = \underline{\quad}$ $10 \cdot 3 = \underline{\quad}$

$5 \cdot 6 = \underline{\quad}$ $2 \cdot 6 = \underline{\quad}$ $6 \cdot 6 = \underline{\quad}$ $8 \cdot 6 = \underline{\quad}$ $10 \cdot 6 = \underline{\quad}$

$5 \cdot 9 = \underline{\quad}$ $2 \cdot 9 = \underline{\quad}$ $6 \cdot 9 = \underline{\quad}$ $8 \cdot 9 = \underline{\quad}$ $10 \cdot 9 = \underline{\quad}$

④
$15 : 3 = \underline{\quad}$ $6 : 3 = \underline{\quad}$ $18 : 3 = \underline{\quad}$ $24 : 3 = \underline{\quad}$ $30 : 3 = \underline{\quad}$

$30 : 6 = \underline{\quad}$ $12 : 6 = \underline{\quad}$ $36 : 6 = \underline{\quad}$ $48 : 6 = \underline{\quad}$ $60 : 6 = \underline{\quad}$

$45 : 9 = \underline{\quad}$ $18 : 9 = \underline{\quad}$ $54 : 9 = \underline{\quad}$ $72 : 9 = \underline{\quad}$ $90 : 9 = \underline{\quad}$

① Immer 7. Kreise ein. Schreibe die Malaufgaben.

a)
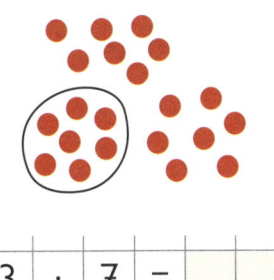

$3 \cdot 7 =$ ☐

b)
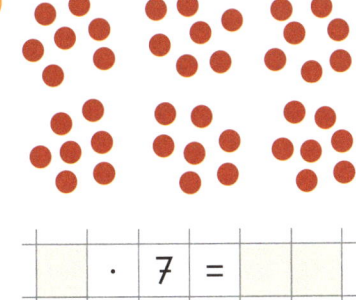

☐ $\cdot 7 =$ ☐

c)
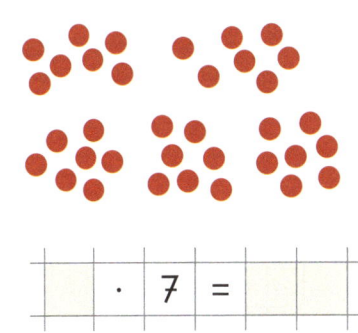

☐ $\cdot 7 =$ ☐

② Schreibe die Malaufgaben. Rechne.

a)
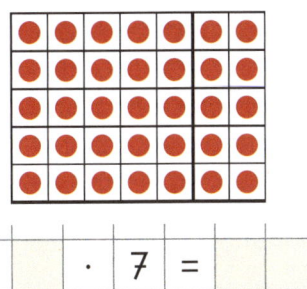

☐ $\cdot 7 =$ ☐

b)
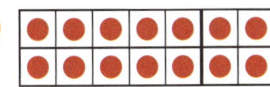

☐ $\cdot$ ☐ $=$ ☐

c)
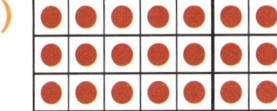

☐ $\cdot$ ☐ $=$ ☐

d)
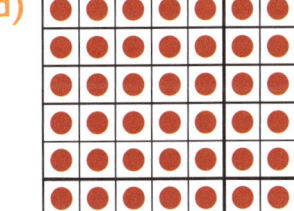

☐ $\cdot 7 =$ ☐

e)
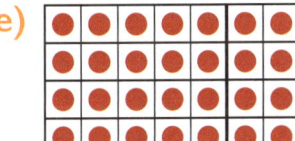

☐ $\cdot$ ☐ $=$ ☐

f)
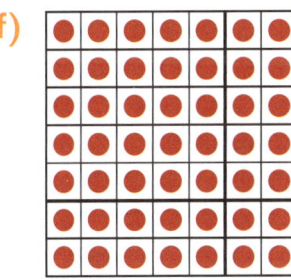

☐ $\cdot$ ☐ $=$ ☐

g)
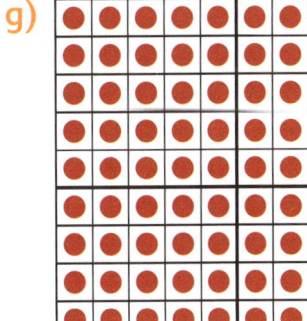

☐ $\cdot 7 =$ ☐

h)
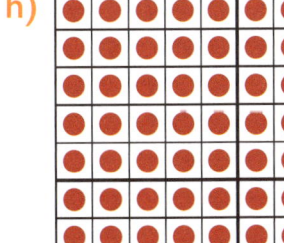

☐ $\cdot$ ☐ $=$ ☐

i)
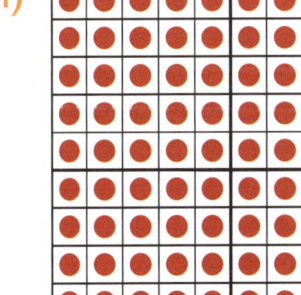

☐ $\cdot$ ☐ $=$ ☐

① Welche Einmaleinsreihen und ihre Tauschaufgaben wurden markiert?

a)

·	1	2	3	4	5	6	7	8	9	10
1	1	2	3	4	5	6	7	8	9	10
2	2	4	6	8	10	12	14	16	18	20
3	3	6	9	12	15	18	21	24	27	30
4	4	8	12	16	20	24	28	32	36	40
5	5	10	15	20	25	30	35	40	45	50
6	6	12	18	24	30	36	42	48	54	60
7	7	14	21	28	35	42	49	56	63	70
8	8	16	24	32	40	48	56	64	72	80
9	9	18	27	36	45	54	63	72	81	90
10	10	20	30	40	50	60	70	80	90	100

b)

·	1	2	3	4	5	6	7	8	9	10
1	1	2	3	4	5	6	7	8	9	10
2	2	4	6	8	10	12	14	16	18	20
3	3	6	9	12	15	18	21	24	27	30
4	4	8	12	16	20	24	28	32	36	40
5	5	10	15	20	25	30	35	40	45	50
6	6	12	18	24	30	36	42	48	54	60
7	7	14	21	28	35	42	49	56	63	70
8	8	16	24	32	40	48	56	64	72	80
9	9	18	27	36	45	54	63	72	81	90
10	10	20	30	40	50	60	70	80	90	100

a) _Einerreihe_

b) _____

c)

·	1	2	3	4	5	6	7	8	9	10
1	1	2	3	4	5	6	7	8	9	10
2	2	4	6	8	10	12	14	16	18	20
3	3	6	9	12	15	18	21	24	27	30
4	4	8	12	16	20	24	28	32	36	40
5	5	10	15	20	25	30	35	40	45	50
6	6	12	18	24	30	36	42	48	54	60
7	7	14	21	28	35	42	49	56	63	70
8	8	16	24	32	40	48	56	64	72	80
9	9	18	27	36	45	54	63	72	81	90
10	10	20	30	40	50	60	70	80	90	100

d)

·	1	2	3	4	5	6	7	8	9	10
1	1	2	3	4	5	6	7	8	9	10
2	2	4	6	8	10	12	14	16	18	20
3	3	6	9	12	15	18	21	24	27	30
4	4	8	12	16	20	24	28	32	36	40
5	5	10	15	20	25	30	35	40	45	50
6	6	12	18	24	30	36	42	48	54	60
7	7	14	21	28	35	42	49	56	63	70
8	8	16	24	32	40	48	56	64	72	80
9	9	18	27	36	45	54	63	72	81	90
10	10	20	30	40	50	60	70	80	90	100

c) _____

d) _____

---

② Trage ein.

a) Schreibe die Aufgaben zu den Feldern.

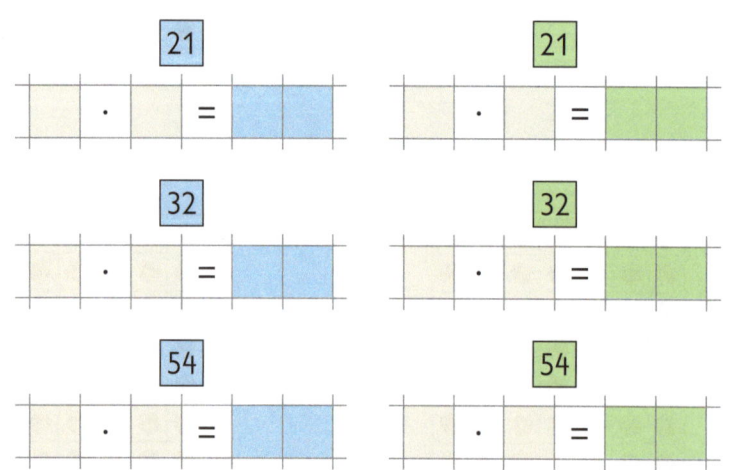

21   ___ · ___ = ___ ___

21   ___ · ___ = ___ ___

32   ___ · ___ = ___ ___

32   ___ · ___ = ___ ___

54   ___ · ___ = ___ ___

54   ___ · ___ = ___ ___

·	1	2	3	4	5	6	7	8	9	10
1	1	2	3	4	5	6	7	8	9	10
2	2	4	6	8	10	12	14	16	18	20
3	3	6	9	12	15	18	21	24	27	30
4	4	8	12	16	20	24	28	32	36	40
5	5	10	15	20	25	30	35	40	45	50
6	6	12	18	24	30	36	42	48	54	60
7	7	14	21	28	35	42	49	56	63	70
8	8	16	24	32	40	48	56	64	72	80
9	9	18	27	36	45	54	63	72	81	90
10	10	20	30	40	50	60	70	80	90	100

Von 1 · 1 bis 10 · 10

Die Aufgaben zu den Feldern sind _____.

b) Wie viele Einmaleinsaufgaben gibt es? _____

c) Wie viele Einmaleinsaufgaben musst du lernen? _____

① Verteile 22 Karten an 4 Kinder.
Male. Schreibe die Aufgabe.
Trage ein.

		:		=		R	

Jedes Kind bekommt _____ Karten.

_____ Karten bleiben übrig.

② 50 Lollies werden in Beuteln zu je 6 Stück verpackt.
Male. Schreibe die Aufgabe. Trage ein.

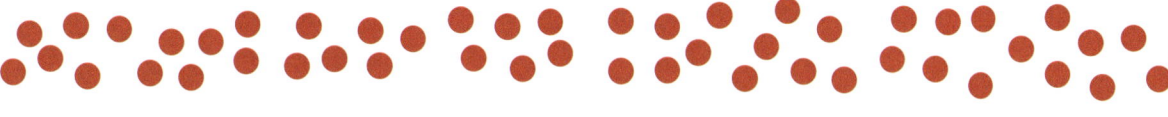

		:		=		R	

Die Lollies füllen _____ Beutel.

_____ Lollies bleiben übrig.

③ Rechne zu jeder Aufgabe die Umkehraufgabe.

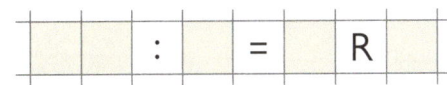

a)
1	3	:	2	=		R	
		·		=			
		+		=			

b)
1	7	:	5	=		R	
		·		=			
		+		=			

c)
2	2	:	3	=		R	
		·		=			
		+		=			

d)
4	4	:	6	=		R	
		·		=			
		+		=			

④ Bei welchen Aufgaben bleibt sicher kein Rest? Kreuze an.

18 : 3		21 : 5		26 : 4		32 : 6		25 : 3	

30 : 10		35 : 4		45 : 5		50 : 5		36 : 4	

19 : 2		42 : 6		61 : 10		82 : 10		25 : 5	

Übungen und Anwendungen

① Schreibe zu jedem Punktefeld die Malaufgabe und die Umkehraufgabe.

a)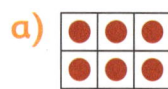

$$2 \cdot 3 = 6$$
$$6 : 3 = 2$$

b)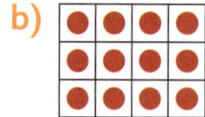

$$\square \cdot \square = \square$$
$$\square : \square = \square$$

c)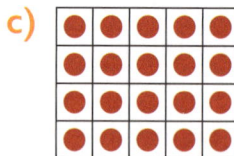

$$\square \cdot \square = \square$$
$$\square : \square = \square$$

d)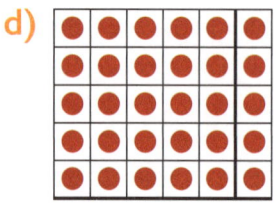

$$\square \cdot \square = \square$$
$$\square : \square = \square$$

e)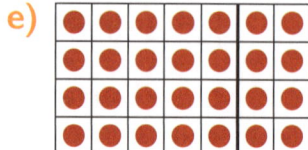

$$\square \cdot \square = \square$$
$$\square : \square = \square$$

f)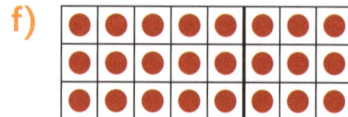

$$\square \cdot \square = \square$$
$$\square : \square = \square$$

② Schreibe jeweils die Aufgabe und einen Antwortsatz.

a) Jan teilt die Schokolade mit 5 Freunden.

$$\square : \square = \square$$

Das weiß Jan jetzt:

_____ .

b) Für wie viele Kinder reicht die Schokolade, wenn jedes Kind 3 Teilstücke bekommt?

$$\square : \square = \square$$

Das weiß Jan jetzt:

Meine Schokolade.

_____ .

① In der Einmaleinstafel sind Felder farbig markiert?
Schreibe und rechne die Aufgaben jeder Farbe als Super-Päckchen.

·	1	2	3	4	5	6	7	8	9	10
1	1	2	3	4	5	6	7	8	9	10
2	2	4	6	8	10	12	14	16	18	20
3	3	6	9	12	15	18	21	24	27	30
4	4	8	12	16	20	24	28	32	36	40
5	5	10	15	20	25	30	35	40	45	50
6	6	12	18	24	30	36	42	48	54	60
7	7	14	21	28	35	42	49	56	63	70
8	8	16	24	32	40	48	56	64	72	80
9	9	18	27	36	45	54	63	72	81	90
10	10	20	30	40	50	60	70	80	90	100

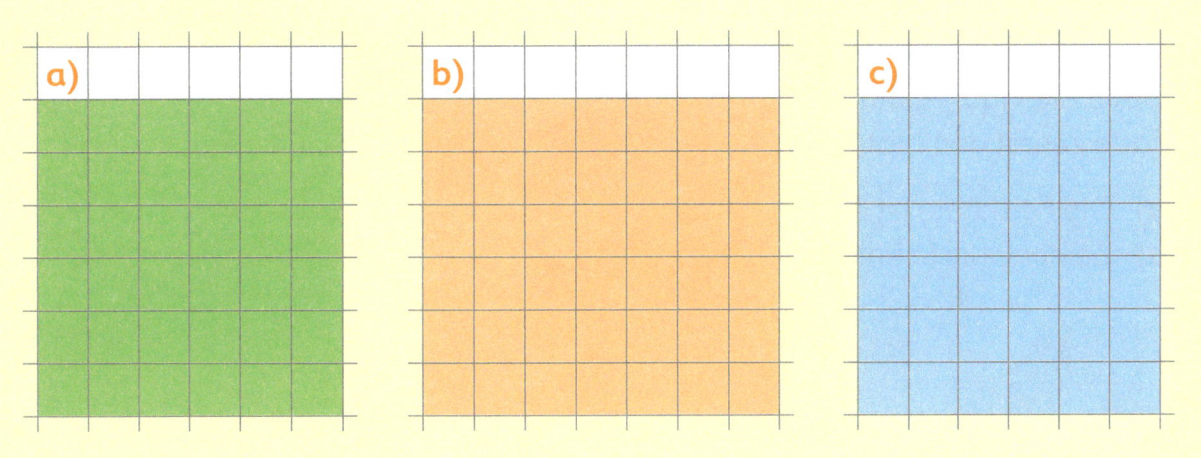

a)

b)

c)

② Vervollständige die Super-Päckchen.
Rechne und markiere die Ergebniszahlen in der Einmaleinstafel.

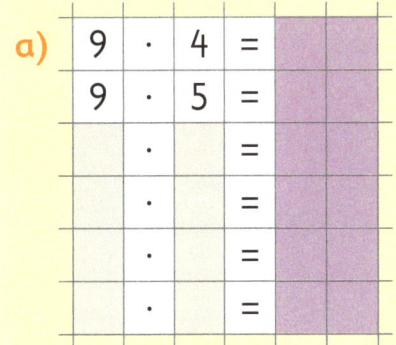

a)

$9 \cdot 4 =$

$9 \cdot 5 =$

$\cdot =$

$\cdot =$

$\cdot =$

$\cdot =$

b)

$8 \cdot 7 =$

$7 \cdot 6 =$

$\cdot =$

$\cdot =$

$\cdot =$

$\cdot =$

c)

$9 \cdot 10 -$

$8 \cdot 10 =$

$\cdot =$

$\cdot =$

$\cdot =$

$\cdot =$

Symmetrische Figuren

① Stelle Faltschnitte her.
Klebe drei Beispiele in dein Heft.
Markiere die Faltachse mit Rot.

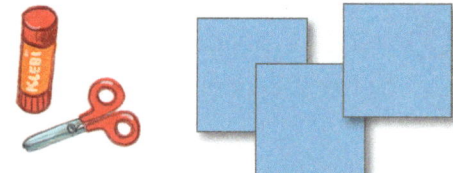

② Welche Formen entstehen durch diese Faltschnitte?

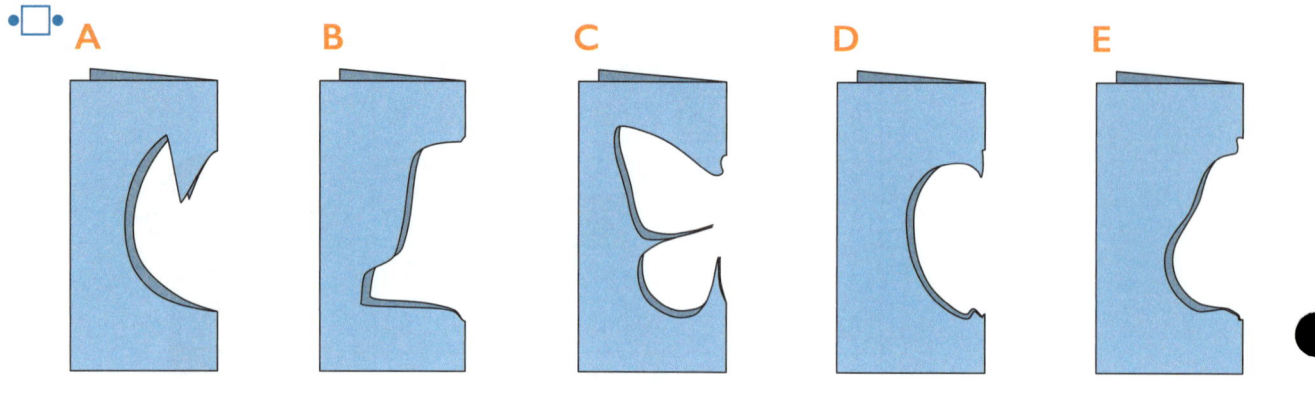

A	B	C	D	E
___	___	___	___	___

③ Stelle die Figuren durch Faltschnitt her.
Falte zuerst den Notizzettel zum Buch. Ein Schnitt, fertig ist die Figur.

a) Die Faltkante ist die Symmetrieachse. Zeichne sie ein.
b) Zeichne die Schnittlinie ein.

④ Erfinde eigene Beispiele zu einmal falten, einmal schneiden.
Klebe sie in dein Heft.

Lege aus. Ergänze zu einer symmetrischen Figur. Zeichne.

①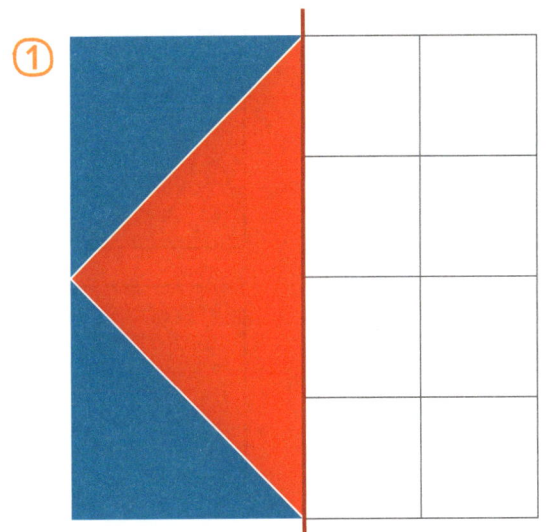

②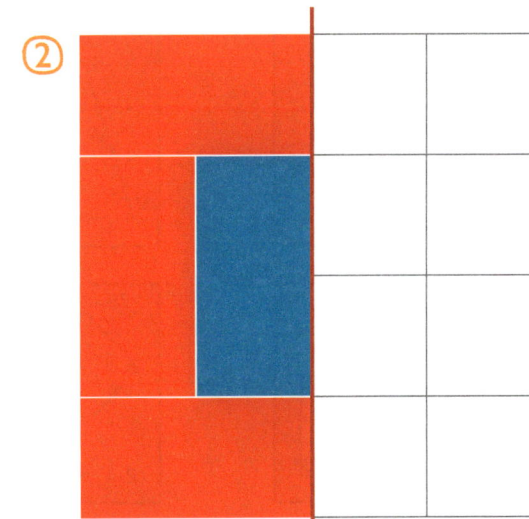

③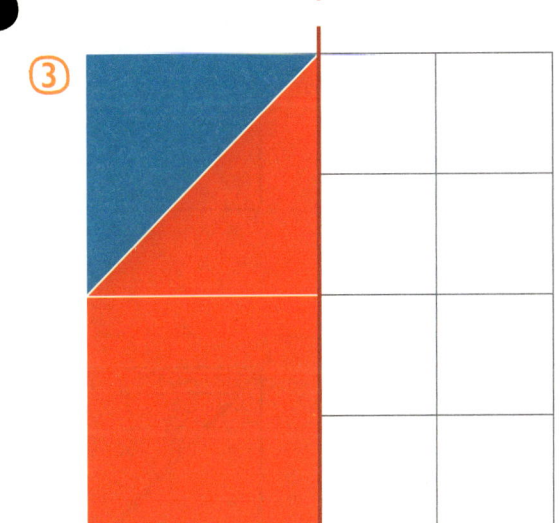

④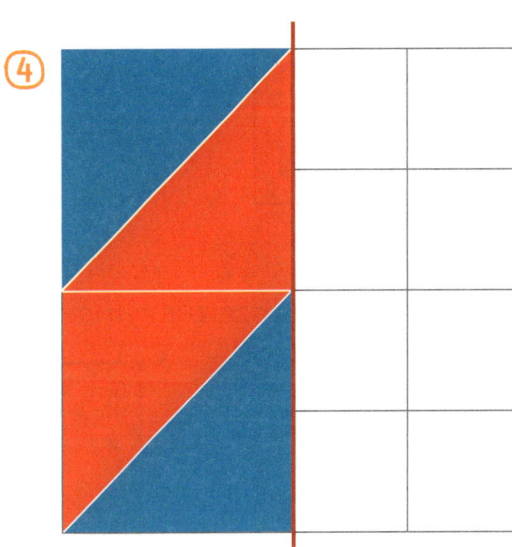

⑤ Lege aus. Symmetrisch oder nicht symmetrisch?
Zeichne die Symmetrieachse ein.

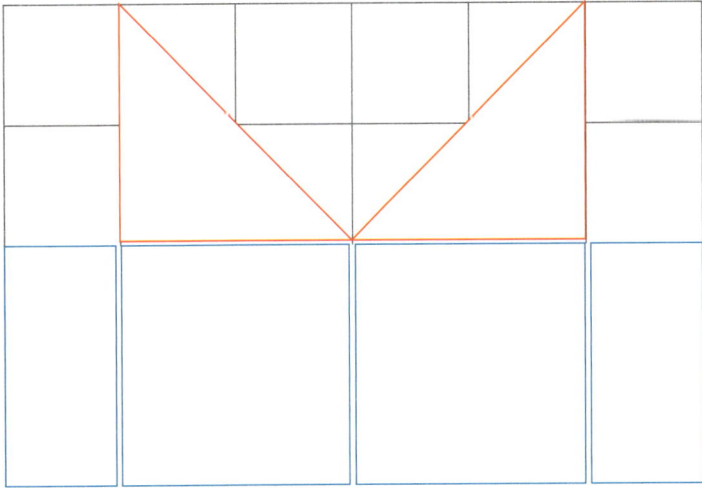

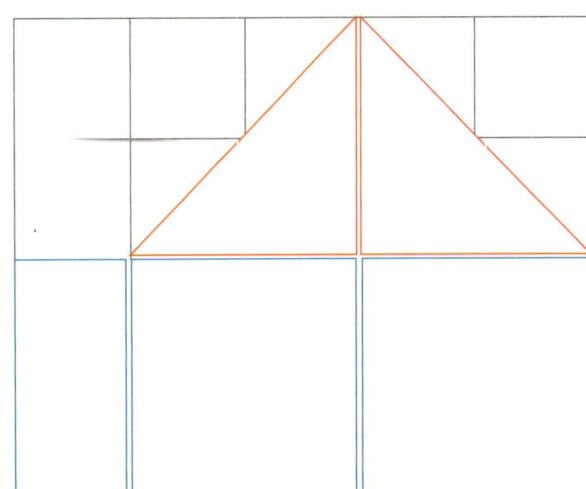

Symmetrie am Geobrett

① Zeichne in symmetrische Figuren eine Symmetrieachse ein.

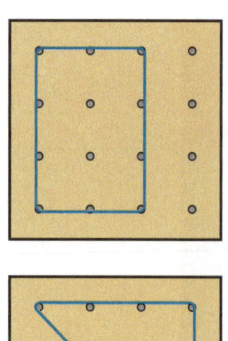 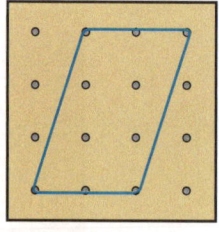 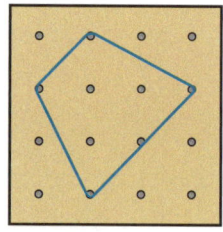 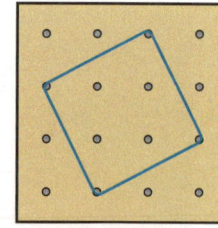

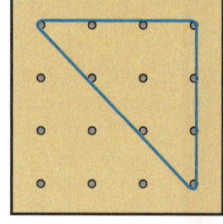 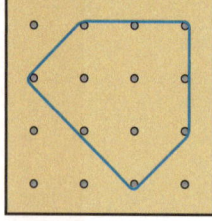 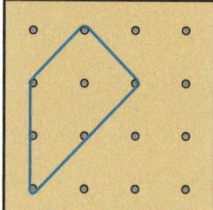 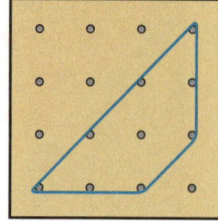

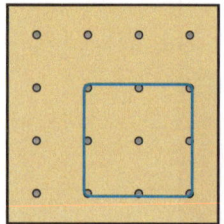 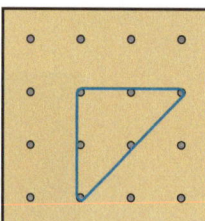 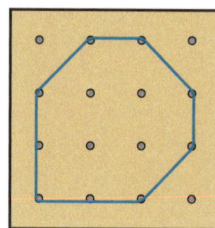 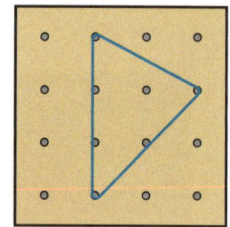

② Spanne. Ergänze zur symmetrischen Figur. Zeichne.

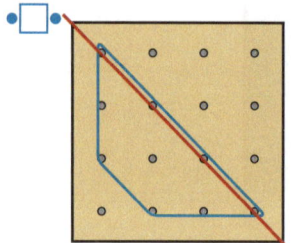 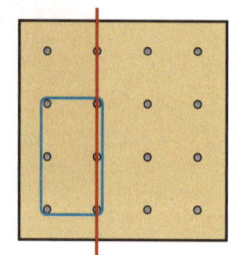 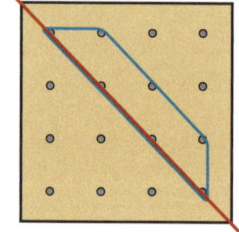 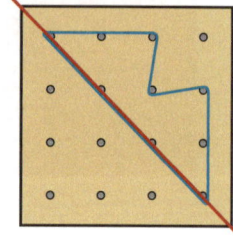

③ Spanne die Figur und ihr Spiegelbild. Zeichne.

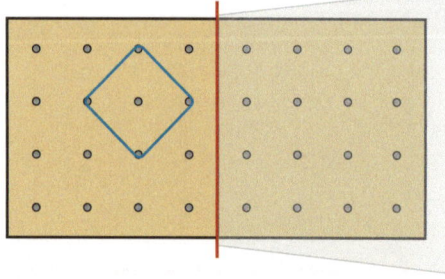 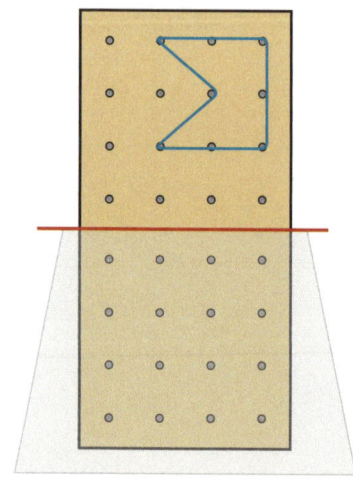 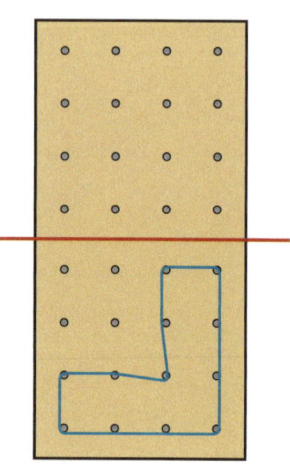

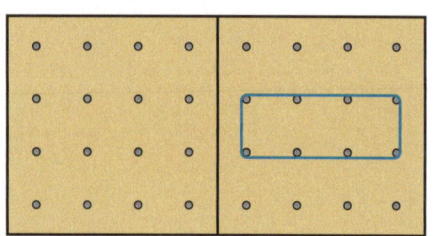

① Rechne.

a)
2	9	+	1	=		
2	9	+	2	=		
2	9	+	3	=		

b)
2	8	+	2	=		
2	8	+	4	=		
2	8	+	6	=		

c)
2	7	+	1	=		
2	7	+	3	=		
2	7	+	5	=		

d)
3	6	+	2	=		
3	6	+	4	=		
3	6	+	6	=		

e)
4	7	+	3	=		
4	7	+	4	=		
4	7	+	5	=		

f)
5	5	+	5	=		
5	5	+	6	=		
5	5	+	7	=		

② Rechne zuerst die einfache Aufgabe.

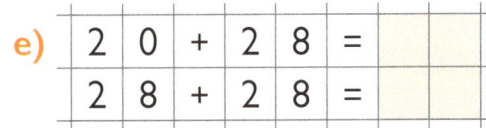

Rechnen mit Zehnerzahlen ist einfach.

a)
| 1 | 0 | + | 1 | 3 | = | | |
| 1 | 4 | + | 1 | 3 | = | | |

b)
| 2 | 0 | + | 3 | 2 | = | | |
| 2 | 5 | + | 3 | 2 | = | | |

c)
| 1 | 0 | + | 3 | 6 | = | | |
| 1 | 9 | + | 3 | 6 | = | | |

d)
| 2 | 0 | + | 4 | 8 | = | | |
| 2 | 3 | + | 4 | 8 | = | | |

e)
| 2 | 0 | + | 2 | 8 | = | | |
| 2 | 8 | + | 2 | 8 | = | | |

f)
| 3 | 0 | + | 2 | 5 | = | | |
| 3 | 6 | + | 2 | 5 | = | | |

e)
| 3 | 0 | + | 4 | 4 | = | | |
| 3 | 7 | + | 4 | 4 | = | | |

f)
| 4 | 0 | + | 1 | 8 | = | | |
| 4 | 3 | + | 1 | 8 | = | | |

③ Rechne zuerst die einfache Aufgabe.

a)
| 2 | 8 | + | | 2 | = | | |
| 2 | 8 | + | 1 | 2 | = | | |

b)
| 1 | 4 | + | | 6 | = | | |
| 5 | 4 | + | 3 | 6 | = | | |

c)
3	5	+		5	=		
3	5	+	1	5	=		
3	5	+	2	5	=		

d)
3	9	+		6	=		
3	9	+	1	6	=		
3	9	+	2	6	=		

e)
4	7	+	2	6	=		
4	7	+	1	6	=		
4	7	+		6	=		

f)
5	8	+	2	7	=		
5	8	+	1	7	=		
5	8	+		7	=		

Subtrahieren – Schnelles Rechnen

① Rechne.

a)
2	2	–	1	=	
2	2	–	2	=	
2	2	–	3	=	

b)
2	4	–	2	=	
2	4	–	4	=	
2	4	–	6	=	

c)
2	3	–	1	=	
2	3	–	3	=	
2	3	–	5	=	

d)
3	4	–	2	=	
3	4	–	4	=	
3	4	–	6	=	

e)
4	3	–	3	=	
4	3	–	4	=	
4	3	–	5	=	

f)
4	5	–	5	=	
4	5	–	6	=	
4	5	–	7	=	

② Rechne zuerst die einfache Aufgabe.

a)
2	2	–		2	=	
2	2	–	1	2	=	

b)
2	5	–		5	=	
2	5	–	1	5	=	

c)
3	1	–	2	3	=	
3	1	–	1	3	=	
3	1	–		3	=	

d)
3	2	–	2	4	=	
3	2	–	1	4	=	
3	2	–		4	=	

e)
4	3	–		4	=	
4	3	–	1	4	=	
4	3	–	2	4	=	

f)
5	2	–		5	=	
5	2	–	1	5	=	
5	2	–	2	5	=	

③ Schreibe deine Rechenschritte auf.

Erst die Zehner weg, dann die Einer.

a)
3	4	–	1	3	=	
3	4	–	1	0	=	
2	4	–		3	=	

b)
3	4	–	1	5	=	
3	4	–	1	0	=	
2	4	–		5	=	

c)
4	2	–	2	4	=	
4	2	–	2	0	=	
		–			=	

d)
4	4	–	2	7	=	
4	4	–			=	
		–			=	

e)
5	1	–	3	3	=	
		–			=	
		–			=	

f)
5	3	–	3	6	=	
		–			=	
		–			=	

SB▶102/103 AH▶46 A▶48

① Rechne.

a)
| 2 | 6 | + | | 7 | = | | |
| 2 | 6 | – | | 7 | = | | |

b)
| 2 | 5 | + | | 9 | = | | |
| 2 | 5 | – | | 9 | = | | |

c)
| 3 | 7 | + | 1 | 2 | = | | |
| 3 | 7 | – | 1 | 2 | = | | |

d)
| 3 | 9 | + | 1 | 4 | = | | |
| 3 | 9 | – | 1 | 4 | = | | |

e)
| 4 | 5 | + | 2 | 9 | = | | |
| 4 | 5 | – | 2 | 9 | = | | |

f)
| 5 | 3 | + | 2 | 8 | = | | |
| 5 | 3 | – | 2 | 8 | = | | |

② Rechne.

a)
2	8	+		5	=		
2	8	+	1	5	=		
2	8	+	2	5	=		

b)
2	9	+		8	=		
2	9	+	2	8	=		
2	9	+	4	8	=		

c)
4	3	–		6	=		
4	3	–	1	6	=		
4	3	–	2	6	=		

d)
6	2	–		7	=		
6	2	–	2	7	=		
6	2	–	4	7	=		

③ Rechne und trage ein.

a)
+	5	15	25	35
15				
16				

b)
–	3	13	23	33
63				
52				

④ Rechne und trage ein.

a)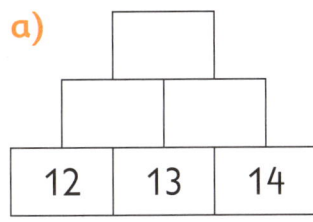

b)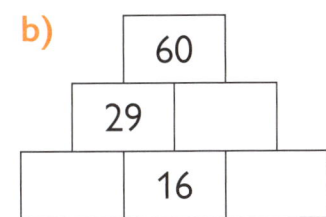

c)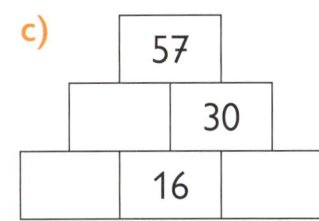

Zahlenforscher – plus und minus

① Bilde Zahlenpaare, deren Summe gleich groß ist.

| 15 | 25 | 35 | 45 |

| 1 | 5 | + | 4 | 5 | = | 3 | 5 | + | 2 | 5 |

a) 28 32 38 22

| | | + | | | = | | | + | | |

b) 16 28 34 22

| | | + | | | = | | | + | | |

c) 45 55 44 54

| | | + | | | = | | | + | | |

② Bilde Zahlenpaare, deren Summe gleich groß ist.

a) 20 40 30

| | | + | | | = | | | + | | |

b) 25   50 45

| | | + | | | = | | | + | | |

c) 18 30   32

| | | + | | | = | | | + | | |

③ Ergänze die fehlenden Zahlen.

a) (15)–(15)–( )–( )–( )

b) (7)–(24)–( )–( )–( )

c) (8)–(14)–( )–( )–( )

d) (25)–(12)–( )–( )–( )

e) (14)–(8)–( )–( )–( )

f) (12)–(25)–( )–( )–( )

④ Ergänze die fehlenden Zahlen.

a) (13)–( )–(26)–( )–( )

b) (18)–( )–(36)–( )–( )

c) (15)–( )–(25)–( )–( )

d) (16)–( )–(24)–( )–( )

e) ( )–(15)–(25)–( )–( )

f) ( )–(16)–(24)–( )–( )

① Stelle Faltschnitte her.
Falte Papier mit Rechenkästchen zum Buch. Zeichne die Schnittlinien ein.
Schneide die Form aus und klebe sie auf. Markiere die Faltachse rot.

a) 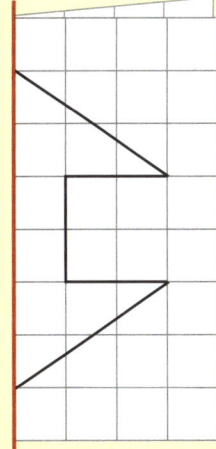 b) 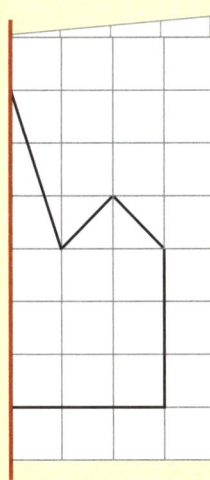 d)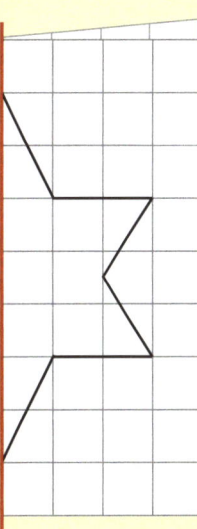

② Schreibe deinen Rechenweg auf.

a)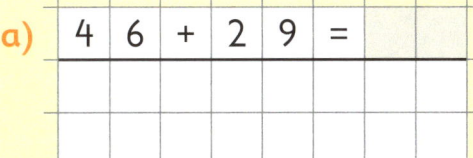

b)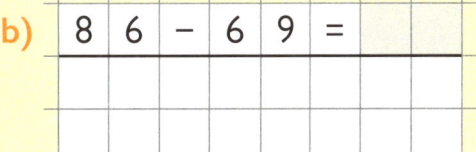

c)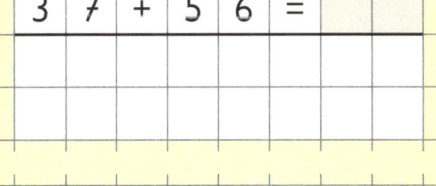

d)

e)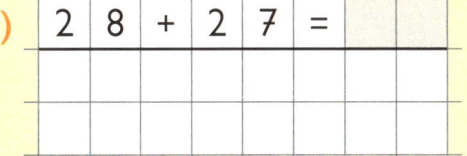

f)

Uhrzeit – Die Stunde / Die Minute

① Schreibe beide Uhrzeiten auf.

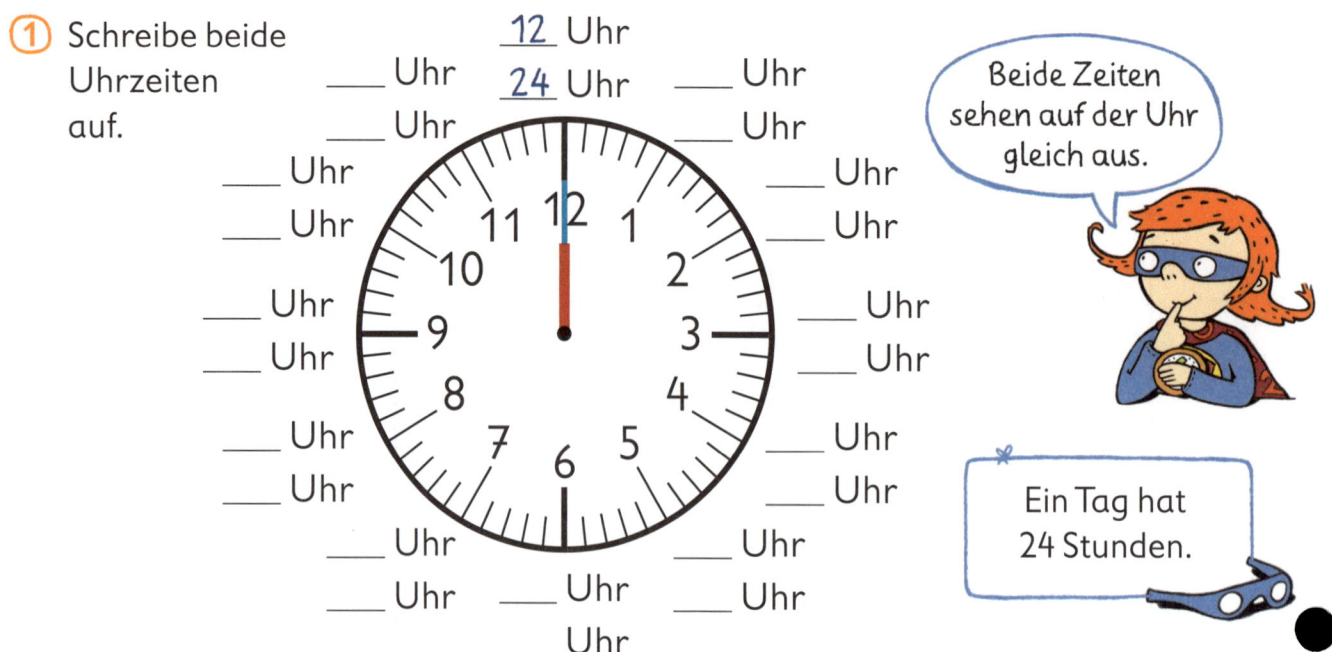

_____ Uhr
___12___ Uhr
___24___ Uhr
_____ Uhr
_____ Uhr
_____ Uhr
_____ Uhr
_____ Uhr
_____ Uhr
_____ Uhr
_____ Uhr
_____ Uhr
_____ Uhr
_____ Uhr
_____ Uhr
_____ Uhr
_____ Uhr
_____ Uhr
_____ Uhr
_____ Uhr
_____ Uhr
_____ Uhr
_____ Uhr
_____ Uhr
_____ Uhr

Beide Zeiten sehen auf der Uhr gleich aus.

Ein Tag hat 24 Stunden.

② Wie viel Uhr ist es? Schreibe beide Uhrzeiten auf.

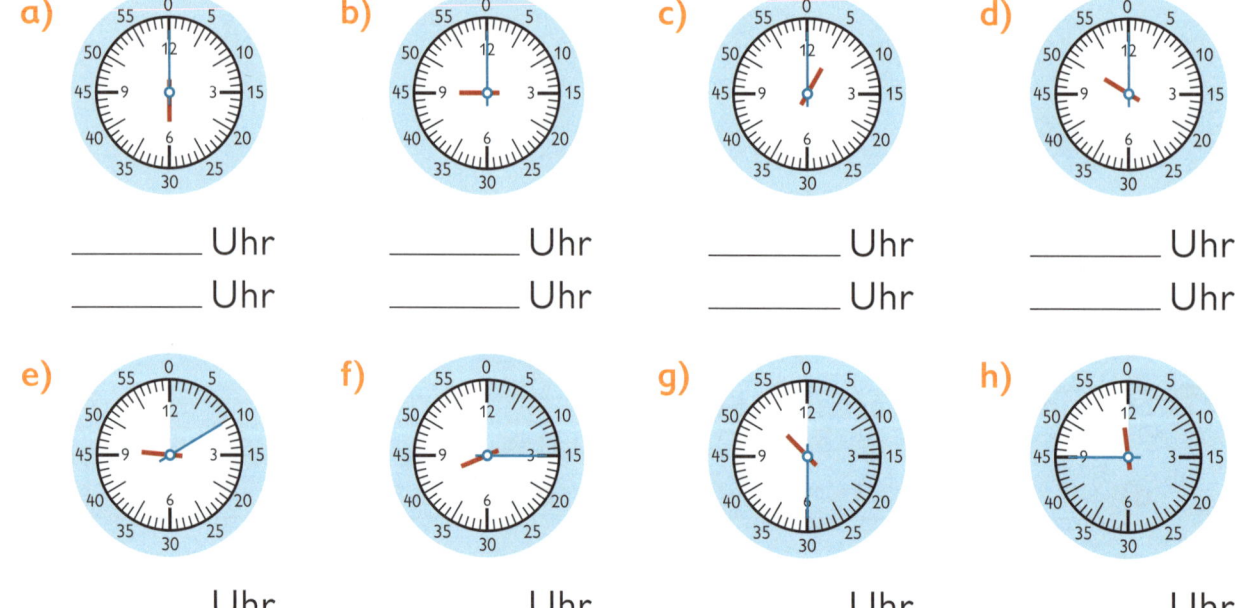

a)
_____ Uhr
_____ Uhr

b)
_____ Uhr
_____ Uhr

c)
_____ Uhr
_____ Uhr

d)
_____ Uhr
_____ Uhr

e)
_____ Uhr
_____ Uhr

f)
_____ Uhr
_____ Uhr

g)
_____ Uhr
_____ Uhr

h)
_____ Uhr
_____ Uhr

③ Zeichne den Stundenzeiger in Rot und den Minutenzeiger in Blau ein.

a) 7 Uhr

b) 20 Uhr

c) 11 Uhr

d) 15 Uhr

SB ▶ 110/111   AH ▶ 49   A ▶ 52

① Welche Zeit ist gemeint? Male Uhr und Uhrzeit in der gleichen Farbe an.

Viertel nach drei	halb zehn	halb zwei	zwanzig nach drei

zehn nach fünf	Viertel nach neun

②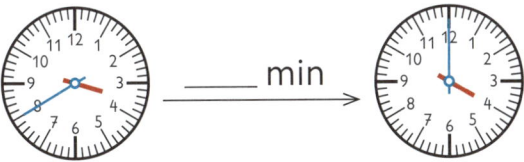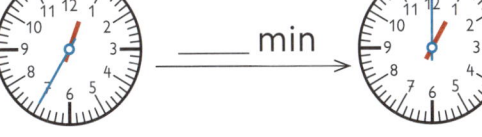

18.10 Uhr —— min —→ 19.00 Uhr   16.45 Uhr —— min —→ 17.00 Uhr

11.25 Uhr —— min —→ 12.00 Uhr   8.25 Uhr —— min —→ 9.00 Uhr

③ Hier ist Sinas Terminkalender für drei Tage.
•☐• Stelle einem Partner Fragen zum Kalender.
Um wie viel Uhr …? Wie lange …? Wann …?

	Aufstehen	Schule und Schulweg	Mittagessen	Hausaufgaben	Freizeit/Termine	Abendbrot	Schlafen gehen
Montag	7.00 Uhr	8.00 – 13.00 Uhr	13.30 – 14.00 Uhr	14.00 – 14.30 Uhr	Zahnarzt 15.30 Uhr – 16.10 Uhr	18.30 – 19.00 Uhr	20.00 Uhr
Dienstag	7.00 Uhr	8.00 – 12.00 Uhr	13.00 – 13.30 Uhr	13.30 – 14.00 Uhr	Judo AG 15.00 Uhr – 16.00 Uhr	18.30 – 19.00 Uhr	20.00 Uhr
Mittwoch	7.00 Uhr	8.00 – 13.00 Uhr	13.30 – 14.00 Uhr	14.00 – 14.30 Uhr	Spielplatz mit Tom und Jan 15.00 Uhr – 17.00 Uhr	18.30 – 19.00 Uhr	20.00 Uhr

④ Wie lange war Sina Montag beim Zahnarzt?

15.30 Uhr —— min —→ 16.10 Uhr

Sina war _____ Minuten beim Zahnarzt.

⑤ Wie viele Stunden war Sina am Dienstag insgesamt auf?

7.00 Uhr —— h —→ 20.00 Uhr

Sina war _____

_____.

⑥ Erfinde Sachaufgaben zum Terminkalender und schreibe sie in dein Heft.

© 2014 Cornelsen Schulverlage GmbH, Berlin. Alle Rechte vorbehalten.

Unser Kalender – Woche, Monat, Jahr

① Eine Woche hat 7 Tage.

    a) Schreibe die Tage in der richtigen Reihenfolge auf.

Montag, _____

_____

_____

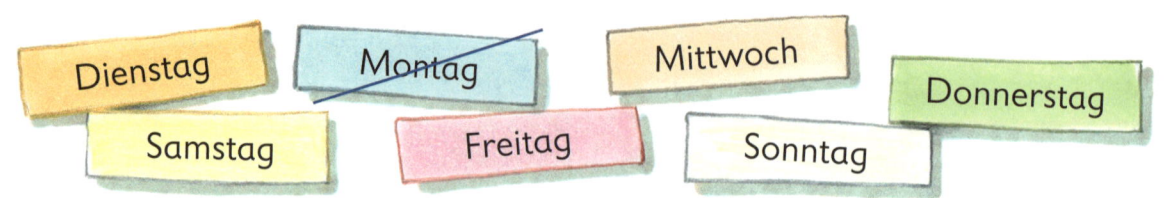

    b) Schreibe die Wochentage auf.

gestern: heute: morgen:

_____   _____   _____

② Schreibe die Monatsnamen in der richtigen Reihenfolge auf.

Juli	Januar	November	September	März	Mai
Dezember	August	Februar	Oktober	Juni	April

Januar, _____

_____

_____

③ Schreibe das Datum lang und kurz.

kurz	lang
12.4.2016	
28.6.2016	
6.12.2016	
	8. März 2016
	19. Mai 2016
	1. Januar 2016

April ist der 4. Monat.

Tag	Monat	Jahr
12.	April	2016
12.	4.	2016

①
> Das Freibad ist geöffnet von Mai bis September täglich von 8.00 Uhr bis 21.00 Uhr.

a) Wie viele Monate im Jahr ist das Freibad geöffnet?

Mai, Juni

Das Freibad ist ____ Monate geöffnet.

b) Wie viele Stunden täglich ist das Freibad geöffnet?

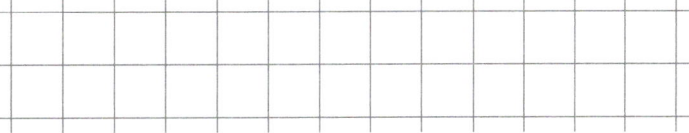 ____ h

Das Freibad ist täglich ____ Stunden geöffnet.

---

② Der Bademeister hat 63 Schwimmbretter zum Verleihen.
Alle Kinder der Klasse 2 b leihen eins aus.

> Klasse 2a: 25 Kinder
> Klasse 2b: 27 Kinder

Das will ich wissen: Wie viele Schwimmbretter bleiben übrig?

So finde ich das heraus:

Das weiß ich jetzt: ____ Schwimmbretter bleiben übrig.

---

③ Jan schwimmt eine kurze und eine lange Bahn.

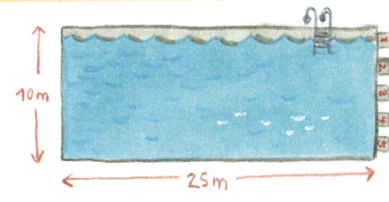
10 m
25 m

Das will ich wissen: _____ ?

So finde ich das heraus:

Das weiß ich jetzt: _____ .

Projekt: Haustiere

① Marias Katze braucht einen Transport-Korb.
Marias Vater bezahlt mit einem 50-€-Schein.

Tierhandlung Kratz
Zubehör für
eine glückliche Katze

Kratzbaum	ab 25 €
Napf	3 €
Spielset „Happy Cat"	8 €
Katzentoilette	15 €
Schlafdecke	9 €
Transport-Korb	18 €

Das weiß ich schon: Der Korb kostet _____ .

Marias Vater _____ .

Das will ich wissen: Wie viel _____

_____ ?

So finde ich das heraus:

Das weiß ich jetzt: _____ .

② Maria will 4 Packungen Katzenfutter kaufen.
Sie überlegt, ob ihr Geld reicht.

Das weiß ich schon: Maria hat _____ .

Eine Packung kostet _____ .

Das will ich wissen: _____

_____ ?

So finde ich das heraus:

Das weiß ich jetzt: _____ .

je Packung 6 €

SB▶118/119 AH▶54 A▶56

① Wie viele Blumen sind es? Mache für jede Blume einen Strich.
□ Zähle und trage die Zahl ein.

	Schaubild	Zahl
rote Blumen 🌺	卌 I	
gelbe Blumen 🌷		
blaue Blumen 🌸		

② Male für jede Blume ein Kästchen aus.

> Hier siehst du auf einen Blick, dass ...

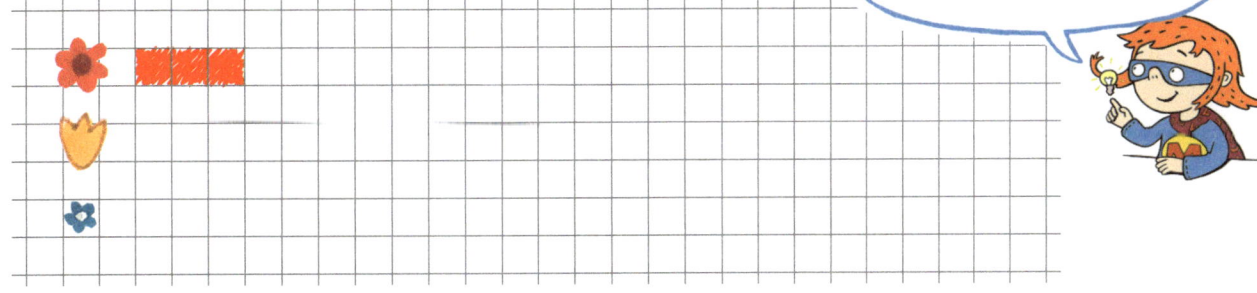

③ Was stimmt? Kreuze an.

Es sind mehr rote Blumen als gelbe Blumen. ☐

Es sind gleich viele gelbe und blaue Blumen. ☐

Es sind weniger rote Blumen als blaue Blumen. ☐

Viele Möglichkeiten

① Mio kauft zwei verschiedene Sorten. Welche Möglichkeiten hat er?

_____ _____ _____ _____ _____ _____

_____ _____ _____ _____ _____ _____

② Mio kauft wieder zwei verschiedene Sorten Eis.
Wie viele Möglichkeiten hat er nun?

SB ▶ 122/123 AH ▶ 56 A ▶ 58

① Welcher Bauplan passt? Verbinde.

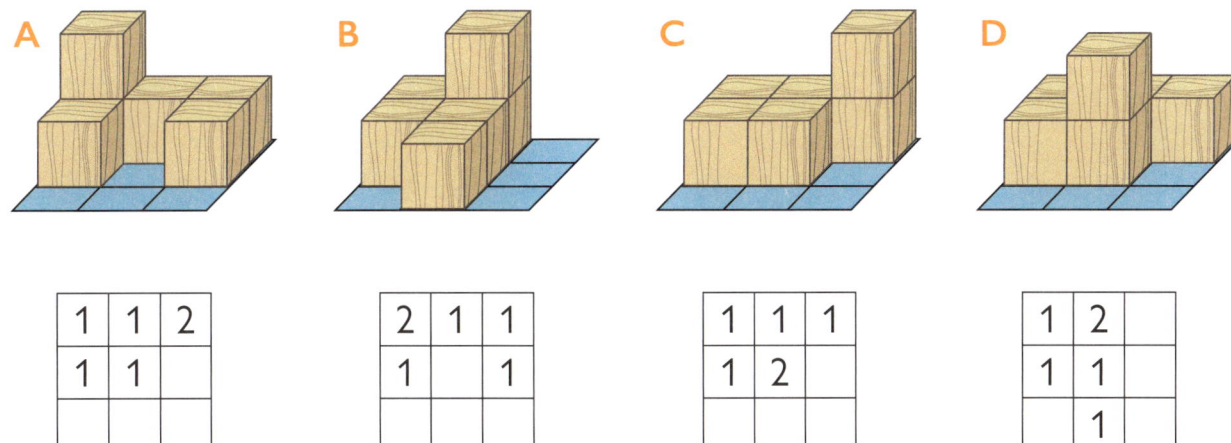

② Schreibe die Baupläne.

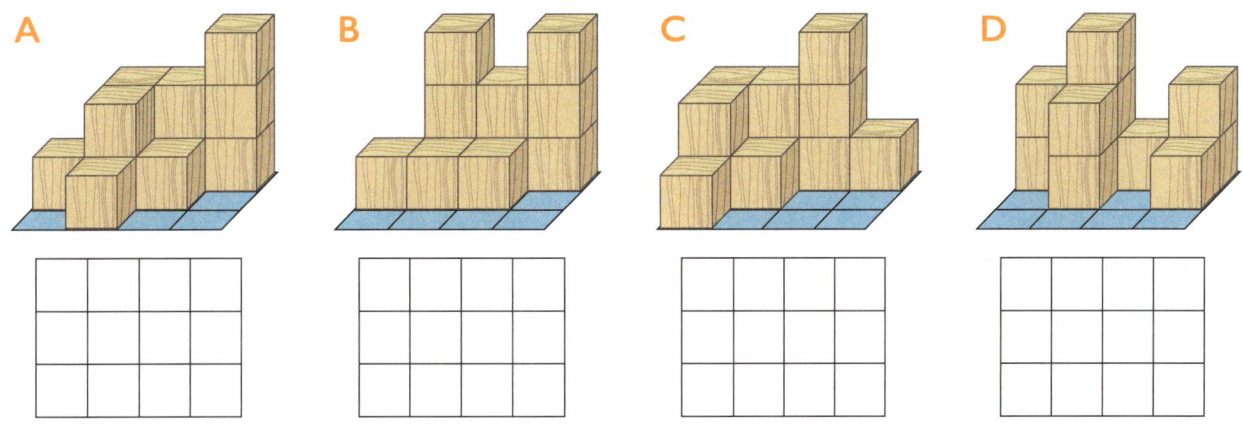

③ Markiere alle Gebäude, die symmetrisch gebaut sind. ☑

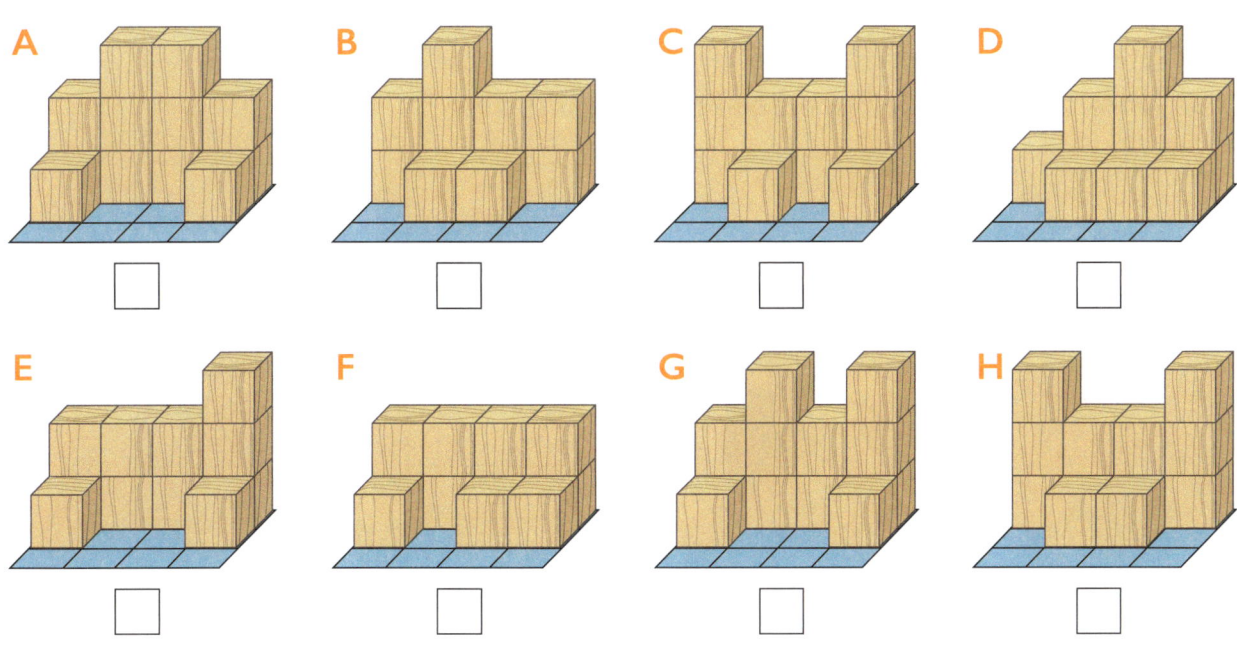

Ansichten von Würfelgebäuden

① Vergleiche Würfelgebäude und Pläne. Kreise Fehler in den Plänen ein.

A

2	2	3
2	1	1
1		

B

3	2	
2	1	3
	1	

C

2	1	3
	1	1
3		1

D

1	1	2
2	1	1
3		

② Was bleibt gleich? Was verändert sich?
Schreibe die passenden Baupläne.

A

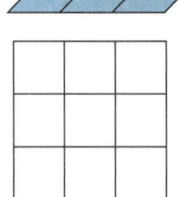

B

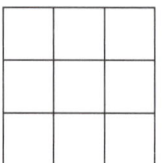

C

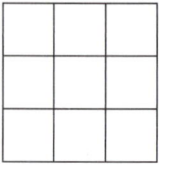

D
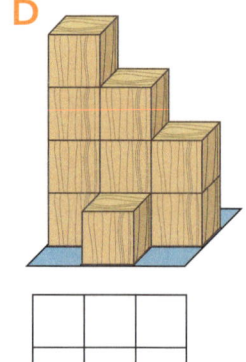

③ Jan hat auch ein Gebäude aus diesen vier Türmen gebaut.
•☐• Schreibe zuerst den Bauplan für Jan, dann den für Naomi.
Schreibe zuletzt die Baupläne für Alena und Tim.

Naomi

Tim

Alena

Jan

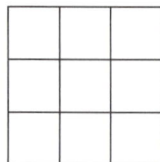

Jan

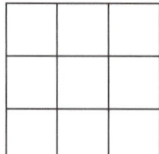

Naomi

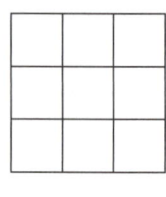

Alena

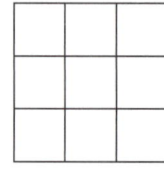

Tim

① Aus einem Notizzettel werden ohne falten 4 kleine Quadrate.

Schere genügt.

Benutze ein „Buch" als Schablone.

1. Buch falten

2. Buch aufklappen
   Notizzettel
   einlegen

3. Buch schließen,
   Notizzettel
   abschneiden.

 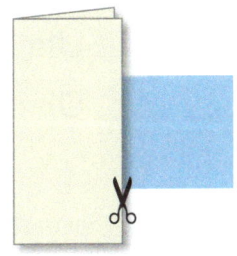 

4. Buch aufklappen,
   Rechtecke quer
   in das Buch legen.

5. Buch schließen,
   Notizzettel
   abschneiden.

6. Fertig sind
   4 Quadrate.

② Benutze einen „offenen Schrank" als Schablone,
   um schmale und kleine Rechtecke herzustellen.

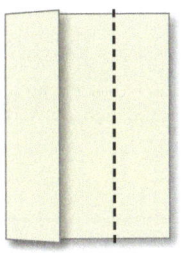  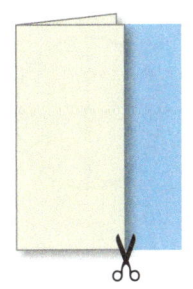 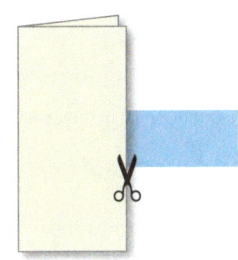

③ a) Klebe verschiedene Quadrate und Rechtecke hier auf.
   b) Klebe in dein Heft ein Bild aus Quadraten und Rechtecken.

Das kann ich schon!

① Wie viel Uhr ist es? Schreibe beide Uhrzeiten auf.

_____ Uhr   _____ Uhr   _____ Uhr   _____ Uhr

_____ Uhr   _____ Uhr   _____ Uhr   _____ Uhr

_____ Uhr   _____ Uhr   _____ Uhr   _____ Uhr

_____ Uhr   _____ Uhr   _____ Uhr   _____ Uhr

② Wie viele Minuten bis zur nächsten vollen Stunde? Trage ein.

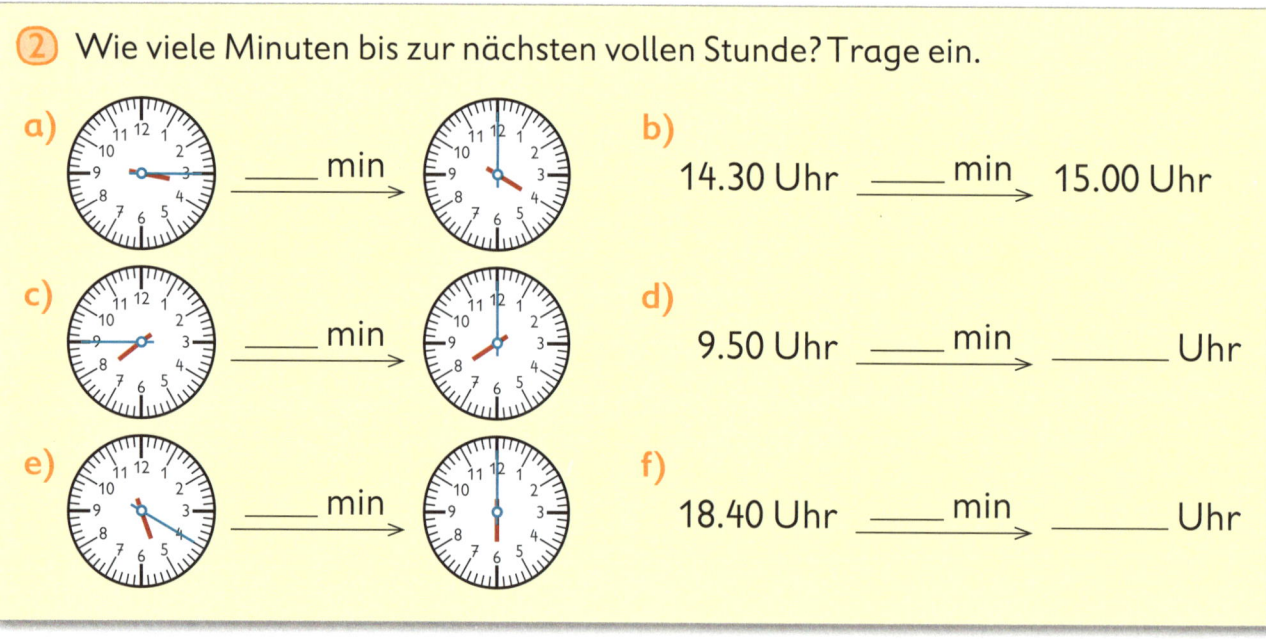

a) _____ min

b) 14.30 Uhr _____ min → 15.00 Uhr

c) _____ min

d) 9.50 Uhr _____ min → _____ Uhr

e) _____ min

f) 18.40 Uhr _____ min → _____ Uhr

③ Trage ein.

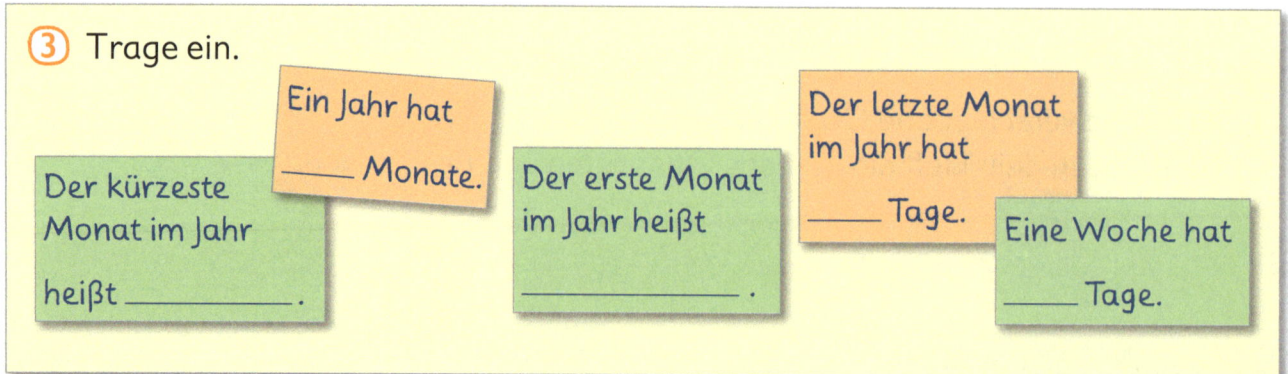

Ein Jahr hat _____ Monate.

Der kürzeste Monat im Jahr heißt _____ .

Der erste Monat im Jahr heißt _____ .

Der letzte Monat im Jahr hat _____ Tage.

Eine Woche hat _____ Tage.

SB▸130/131 A▸62

Entdeckungen mit Tauschzahlen

0	1	2	3	4	5	6	7	8	9
10	11	12	13	14	15	16	17	18	19
20	21	22	23	24	25	26	27	28	29
30	31	32	33	34	35	36	37	38	39
40	41	42	43	44	45	46	47	48	49
50	51	52	53	54	55	56	57	58	59
60	61	62	63	64	65	66	67	68	69
70	71	72	73	74	75	76	77	78	79
80	81	82	83	84	85	86	87	88	89
90	91	92	93	94	95	96	97	98	99

Zehner- und Einerziffer tauschen die Plätze.

① Suche in der Zahlentafel zu allen gelb unterlegten Zahlen die Tauschzahlen. Male die Felder der Tauschzahlen hellblau an.

② Trage alle Zahlenpaare geordnet ein.
Schreibe über jedes Zahlenpaar die Summe.
Färbe die Felder der Summenzahlen in der Zahlentafel in Orange ein.

Das habe ich herausgefunden.

Diagonale

gleichen Ziffern

symmetrisch

③ Die Summe ist bei diesen Paaren von Tauschzahlen

immer eine Zahl mit _____.

Die Summenzahlen bilden auf der Zahlentafel eine _____.

Alle Tauschzahlen liegen _____ zu den Summenzahlen.

Grundwissen

① Rechne.

a) 32 + 5 = ____   b) 54 + 20 = ____   c) 64 + 32 = ____   d) 48 + 45 = ____
   74 + 4 = ____   29 + 70 = ____   72 + 17 = ____   29 + 64 = ____
   41 + 8 = ____   65 + 30 = ____   51 + 28 = ____   38 + 26 = ____
   55 + 3 = ____   38 + 50 = ____   35 + 53 = ____   57 + 28 = ____
   93 + 7 = ____   47 + 40 = ____   44 + 55 = ____   46 + 37 = ____

② Rechne.

a) 78 − 6 = ____   b) 82 − 60 = ____   c) 85 − 33 = ____   d) 42 − 17 = ____
   39 − 8 = ____   59 − 40 = ____   78 − 27 = ____   81 − 67 = ____
   87 − 5 = ____   75 − 30 = ____   96 − 43 = ____   74 − 26 = ____
   65 − 3 = ____   68 − 20 = ____   59 − 18 = ____   62 − 38 = ____
   96 − 4 = ____   97 − 70 = ____   47 − 35 = ____   95 − 47 = ____

③ Rechne zum Nachbarzehner.

a) 36 + ____ = ____   b) 93 − ____ = ____
   66 + ____ = ____   49 − ____ = ____
   51 + ____ = ____   57 − ____ = ____
   42 + ____ = ____   78 − ____ = ____
   87 + ____ = ____   62 − ____ = ____

④ Rechne zur 100.

   79 + ____ = 100
   52 + ____ = 100
   33 + ____ = 100
   48 + ____ = 100
   67 + ____ = 100

⑤ Rechne.

a) 10 · 3 = ____   b) 2 · 6 = ____   c) 5 · 6 = ____   d) 7 · 6 = ____
   10 · 1 = ____   2 · 8 = ____   5 · 8 = ____   7 · 8 = ____
   10 · 0 = ____   2 · 5 = ____   5 · 5 = ____   7 · 5 = ____
   10 · 2 = ____   2 · 7 = ____   5 · 7 = ____   7 · 7 = ____
   10 · 9 = ____   2 · 4 = ____   5 · 4 = ____   7 · 4 = ____

⑥ Notiere zwei Lieblingsaufgaben, eine besonders einfache,
eine besonders schwierige.